朝日新書
Asahi Shinsho 229

負けてたまるか！
若者のための仕事論

丹羽宇一郎

JN264895

朝日新聞出版

まえがき

本書は私から若者に向けたエールです。日本経済の先行きも不透明で、どこを向いても元気がない昨今ですが、これからの日本を背負って立つのは二〇代、三〇代の若い世代です。

最近の若者は内向き志向で覇気《はき》がない、と言われますし、本書でも若い人にとって耳の痛い話もします。しかし、私が一番伝えたいことは、仕事を通して味わえる、素晴らしい喜びについてです。「出世してお金や権力を手に入れて何になる?」という疑問を持っている人への私の答えは、仕事力をつけて、大きな仕事を成し遂げられるようになれば、それに伴って味わえる喜びが大きく、深くなっていくということです。

新人の頃《ころ》は自分一人の仕事をこなすことで精一杯ですが、そこを歯を食いしばって頑張っているうちに、徐々に大きな仕事を任せてもらえるようになります。大きな仕事は、それだけ関係者も多くて調整が大変ですし、動く金額も大きくプレッシャーもきつい。困難なことも山ほどあるでしょう。でも、だからこそ、その仕事を成し遂げたときの喜びは深くなりますし、その仕事の関係者が多ければ多いほど、共に喜びを分かち合って、さらに喜びは大きくなっていきます。私の場合で言えば、伊藤忠商事の社長を務めた六年間が、一番大変でしたが、一番喜びが深かった時代、ということになります。

じつを言うと、この喜びは実際に味わってみないと、本当の良さはなかなかわからないと思います。言葉で伝えるのは難しく、限界があります。それでも、本書がそれを知るきっかけになってくれればと願っています。

本書出版のきっかけは、二〇〇八年一〇月から一年間、朝日新聞土曜版「ｂｅ」に連載されたコラム「丹羽宇一郎の負けてたまるか！」です。これをベースに、私の信条である「人は仕事で磨《みが》かれ、読書で磨かれ、人で磨かれる」という三つのテーマごとに、改めて若い世代に伝えたいことをまとめました。本書の出版にあたり、ご担当いただいた朝日新聞社の後藤絵里さん、朝日新聞出版の三宮博信さんに改めて御礼申し上げます。

読者の心に響き刻《きざ》むものが少しでもあれば、著者としてとても嬉《うれ》しく思います。

二〇一〇年四月

丹羽宇一郎《にわういちろう》

若者のための仕事論　目次

第2章

本は仕事と人生を深くする
——人は読書で磨かれる　93

第3章　己を知り、他人を知り、人間社会を知る　——人は人で磨かれる　133

序章

若者よ、小さくまとまるな！

アダム・スミスの『国富論』が教える日本の危機

皆さんは「日本のこれから」をどのように考えているでしょうか。のっけから壮大なテーマで面喰《めんくら》うかもしれませんが、これはじつに重要な問題です。

私はこれまでも講演や著書を通し、口をすっぱくして「若者よ、元気を出せ!」と言い続けてきました。これで多少は元気を出そうと思った人もいるかもしれませんが、私に言わせればまだまだ足りません。

そもそも私の講演を聞いていたって、会場を一歩出れば、話の半分以上は忘れてしまうでしょう。これは皆さんが悪いと言っているのではなく、人間とはそういうものだということです。私だってそうです。したがって、「これが大事だ」と思ったことは、繰り返し言わなくてはならないと思っています。

しかしながら今は、もはや単に「繰り返す」というレベルではなくなってきているように感じます。今まで以上に想いをこめて、強いメッセージを発信していかなくてはならないと思っています。なぜなら日本は今、まさに大転換期で、国難に直面していると言っても過言ではないからです。

最近、アダム・スミスの『国富論』の翻訳本が新しく出版されたので、それを買って読み直しています。そこには、次のようなことが書かれています。豊かなときは、たとえ愚策《ぐさく》であっても「馬鹿なことをやっているな」というだけで済む。しかし国難に直面しているとき、愚策というのは国の存亡《そんぼう》にかかわる。「馬鹿なこと」と、笑って済ませることはできないのです。これを、アダム・スミスは二四〇年くらい前に言っています。

これは今の日本に十分に当てはまることでしょう。たとえば日本が高度経済成長の真《ま》っ只中《ただなか》にあった神武《じんむ》景気、岩戸《いわと》景気、あるいはいざなぎ景気、すなわち一九五四年から一九七〇年の頃であれば、まあ少しくらい政策を間違えても、金はトットコ、トットコと入ってくる。

しかし今は逆の状態です。一九九七年、山一《やまいち》證券と北海道拓殖《たくしょく》銀行が経営破綻《はたん》した年《とし》以来、働く人の給料は、ほぼ減り続けています（一九九七年の平均給与は四六七万三〇〇〇円ですが、二〇〇八年の平均給与は四二九万六〇〇〇円と八パーセントも減っているのです〈国税庁・民間給与実態統計調査結果〉）。

日本も世界も、政治経済は霧の中にあります。モヤモヤとした霧の中にあって方向が見えないのです。どちらへ行けば「ライジング・サン」なのか。

アメリカにしても、オバマ大統領が「チェンジ」という言葉を武器に颯爽《さっそう》と登場しましたが、アフガニスタンにおける紛争は長期化の様相で、ベトナム戦争の二の舞いになるのではないかと危惧《きぐ》されています。また、医療保険制度改革など、ヘルスケアの分野でもかなり揉《も》めています。

また二〇〇八年九月のリーマン・ショックに端を発する世界金融危機の影響で、強いドルが揺らいでいます。アメリカの経済はドルの信用で成り立っていましたが、ドル暴落の危機がそこここで語られるようになりました。

世界経済を俯瞰《ふかん》してみると、これまでは、ドルの信用を担保に過剰消費をするアメリカ、一方においてその過剰消費に支えられる日本や新興国の経済という構図がありました。この不均衡《ふきんこう》を抱えつつ、世界経済は成長していたのです。

しかしこれは、非常に危ういものです。モヤモヤとした今の霧が晴れたら、私たちは断崖絶壁《だんがいぜっぺき》の上にいるかもしれません。そういう状況が十分に考えられるのです。まさに今、それに近い状態になっているわけです。

人口減少、高齢化という赤信号

とりわけ日本は、「晴れたら絶壁の上」という可能性が世界一高い国だと私は考えています。今、まさに国難に直面しているからです。そう言ってもピンとこない人が多いかもしれませんが、私に言わせれば、もう赤信号が点滅しているのです。

点滅する赤信号とは何かというと、一つは「人口減少社会」です。若い人は、人口が減れば満員電車で通勤しなくて済むじゃないかと思うかもしれません。しかし事態はそんなに甘いものではありません。

人口減少社会で経済成長を遂げた国は、世界中どこを探してもないからです。一年や二年、人口が減っていくという状態ではありません。継続して減少する中で、国が栄え、強くなった国は、いまだかつてないのです。

もっとも例外はあります。それは一四世紀のヨーロッパです。このとき、ペストが大流行して二〇〇〇万〜三〇〇〇万人の人が亡くなりました。当時の世界の人口はおそらく三億から四億人ほどと推定されますから、一割に当たる数字です。現在に置き換えていえば、六億人から七億人の人々が、ある地域で集中的に亡くなってしまうことになります。これは大変、このままでは文明が衰退してしまうと、イタリアでは大富豪が中心になって才能ある人々を支えました。これがルネサンスとして花開いたのです。

しかしこれは非常に稀有《けう》な例です。それ以外、世界は人口が減少し続けるという問題に直面したことがありません。人口が減り続ければ、それに連れて経済も縮小していくほかないでしょう。

加えて、日本では高齢化が猛烈な勢いで進んでいます。平成二一（二〇〇九）年の「敬老の日」に発表されたデータを見ると、一九六三年の時点で、一〇〇歳以上の人は一五三人でした。それから三五年後、一九九八年には一万人を超え、そこからさらに一〇年後には、一〇〇歳以上は四万四〇〇人にまで膨《ふく》れ上がりました。このうち八六・五パーセントは女性です。今後も長生きするおばあちゃんは増えていくでしょう。日本は、近い将来「おばあちゃん国家」になるということです。

おばあちゃん以外の年齢の内訳も少し紹介しましょう。国立社会保障・人口問題研究所のデータでは、現在と五〇年後の人口構成は、次のようになっていると推計されています。

・老年人口（六五歳以上）
　現在、二〇パーセント　↓　五〇年後、四一パーセント
・生産年齢人口（一五歳〜六四歳）
　現在、六六パーセント　↓　五〇年後、五一パーセント
・年少人口（一五歳未満）
　現在、一四パーセント　↓　五〇年後、八パーセント

老年人口は倍増しているのに対し、年少人口は約半分にまで落ち込んでいます。また、生産年齢人口が六六パーセントから五一パーセントになるということは、働く人が毎年八〇万人ぐらいずつ減っていく計算になります。満員電車が過去の遺物になる日もそう遠くないかもしれません。

いずれにしても、こうした人口減少や高齢化（働く人の減少）は、従来の日本の成長モデルにはなかった要素です。

一九八七年にノーベル経済学賞を受賞したロバート・ソローは、「ソローモデル」と言われる経済成長モデルを提唱しましたが、そのモデルによれば、労働人口減少は経済成長に大きな影響を与えると言えます。つまり、人口減少社会では経済は成長しにくいということです。

すると、これから先の五〇年、一体日本の経済はどうなっていくのでしょうか。人口という視点から見たとき、これが非常に大きな赤信号として点滅しているわけです。

借金は借金しか生まない

さて、二つ目の赤信号は、日本が大借金国だということです。現在、日本国の借金は八七二兆円。これだけ借金を抱えている国は、世界を見渡しても日本だけです。ＯＥＣＤによれば、二〇一〇年に日本の公的債務はＧＤＰ（国内総生産）の一九七パーセントにのぼると見られています。

先進国で借金比率二位のイタリアはGDPの一二七パーセント、その他の欧米主要国は八二～九三パーセント。お隣はどうかというと、韓国は三七パーセント、中国は二〇パーセント程度です。自慢にもなりませんが、我が国は純債務で見ても一〇五パーセントと断トツ一位なのです。

日本は一九六五年から国債の発行を始めました。国の債務には、一般的な国債や借入金、ほかにもいろいろと種類がありますが、いずれにしても毎年のように積み重なって、現在その債務残高は八七二兆円になったのです。

国債の発行残高は、この四四年間、一度も減ったことがありません。これから先、日本は果たして借金を減らすことができるでしょうか。これまでできなかったことが、今年になってから急にできるようになるとは私には思えません。実際、平成二二（二〇一〇）年度の国債発行額は当初予算としては過去最大の約四四兆円の予定です。

この状態が続くことを考えると、トータルの借金残高は、五年後には一〇〇〇兆円の大台に乗るでしょう。もうあっという間です。それに、現時点でさえ毎年の国債発行額の約半分は、国債の債務償還費や利息の支払いに充《あ》てられているのです。わかりやすくいえば、借金やその利息の返済をするために、借金を重ねている状態です。借金が増えれば、支払利息も増えていきます。ますます首が回らなくなっていくわけです。

経済学の論理では、借金は借金しか生みません。借金が利益を生むということはないのです。私の感覚から言うと、一〇〇〇兆円どころか、一五〇〇兆円になる日はそう遠くはないでしょう。

そうなると、個人は誰も国債を買わなくなります。「日本は個人資産が一五〇〇兆円あるから大丈夫だ」などと言う人もいますが、家計の中でやりくりして貯めたお金を、すべて国債に投入するなんて誰も考えないし、あり得ないことです。いつ紙切れになってもおかしくない状態なのですから。

我が家だって、いくら貯金があるのか私は知りませんが、「うちの貯蓄をすべて国債につぎ込め」なんてワイフに言ったら怒りだすに決まっています。

こうして誰も買わなくなったら、国債の価格は暴落して、本当に紙くずになってしまうでしょう。グローバリゼーションの世の中、国内がダメなら海外だという話もあるかもしれませんが、今でも七パーセント程度しか買っていない海外の人々が紙くずになりそうなものを買うはずがありません。

それよりもむしろ、どこの国の国債だって買えるのですから、日本人でも欧米や中国の国債を買ったほうがいいと考える人が出てくるでしょう。すると、円を売って海外の通貨を買うことになり、どんどん円が暴落するというとんでもないシナリオができ上がってしまうのです。

こうしたとき、愚策を弄《ろう》しているのを笑ってはいられません。アダム・スミスの言うように「馬鹿なことをやっている」というだけでは済まないのです。

折しも日本は二〇〇九年九月に政権が変わり、民主党が与党になりました。しかし郵政民営化の問題にしても、沖縄の基地問題にしても、国の政策があっちに行ったりこっちに行ったりとグラグラしていたら、世界は日本という国を信用しなくなります。いや、すでに信用を失いかけていると言ってもいいでしょう。

前述のように借金は借金しか生みませんが、この借金が増えすぎると、いざというとき有効な対策を打てなくなる可能性をも生み出します。家庭にたとえれば、子供が病気で寝込んでいるのに、金がないばかりに病院に連れていけない。市販の薬も買えない。

ただひたすら「良くなりますように」と祈るしかない。国の政策が「祈るだけ」なら、政治家は必要ありません。また、同じように借金をするだけなら誰でもできるのです。いずれ過去から積み上げられた借金で日本は首が回らなくなってしまうでしょう。いかに的確な手立てを講じるか。赤信号は、ここでも一刻《いっこく》の猶予《ゆうよ》もなく点滅しているのです。

教育にお金をかけない国は没落する

加えてもう一つ、点滅する赤信号があります。それは教育です。目に見える効果がすぐに表れるわけではないので見過ごしがちですが、経済を発展させ、国力を高めていくには、高等教育が不可欠です。もともと日本は、石油が出るわけでもなく、海外にたくさん輸出できるほど作物を育てる土地があるわけでもありません。資源がない国なのです。その国がどうやって生き延《の》びていくのかと考えたら、「人と技術」しかありません。人を育て、技術力を高め、優秀な労働力をたくさん持ち、欠陥品《けっかん》の少ない、品質の高い、信頼される「日本ブランド」を武器として貿易で稼いでいくよりほかに道がないのです。

それにもかかわらず、現在、税金を高等教育に注いでいる割合（GDP比）はOECD諸国の中で最下位です。OECD諸国の平均値は一・〇パーセントですが、日本は〇・五パーセントに過ぎません。こんなことで、本当に人材を育て、技術力を維持していけるのか、はなはだ疑問です。

教育に投資をしていない国が発展しないのは、新興国を見ても明らかです。伸びていく国は、必ず国が教育に投資している。日本の場合もかつては国が教育に力を入れたおかげで、中間層が非常に厚くなり、彼らが日本の経済発展を支えてきました。

一九六二年、イギリスの『エコノミスト』九月一日号に、日本の教育レベルは注目すべきだという記事が載《の》りました。「もはや戦後ではない」の名言を残した経済白書の二年後の一九五八年頃のデータをベースに書かれたもので、これはちょうど団塊《だんかい》の世代が一一～一二歳の頃の話です。ここで、日英の教育が比較されているのです。

この記事によると、中学で学業を終える人がイギリスは六〇パーセントなのに対し、日本は四〇パーセント程度。高校で終わる人がイギリスは三〇パーセントで、日本は四五パーセント。大学まで行く人は、イギリスは七パーセントですが、日本は一〇パーセント以上です。

これを知って、イギリス人はびっくりしました。「日本人は野蛮人じゃないぞ」と。しかも戦後の焼け野原の状態から十数年しか経っていない時期に、日本がこんなに教育に熱を入れている。大学生の数も戦勝国イギリスより日本のほうが多い。これは大変な驚きだということになりました。その後、日本は高度経済成長期に突入し、まさにミラクル・ジャパンの様相を呈しました。

では、今の日本はどうでしょうか。社会を支える圧倒的な労働者、中間層の力がどんどん弱くなってきています。給料が下がり、生活はより安いものを求め、技術は二の次となりつつあります。金持ちになった人もいるかもしれないが、それはほんの一握りで、国全体としてみればたいした力にはなりません。

日本は、長期的に人を育てていくことに力を注いでいくべきでしょう。あるいは科学の分野への投資です。すぐに社会で役立つような技術開発は企業がやればいい話ですが、大学や研究機関は、その底力となる科学の基礎を培《つちか》っていくものでなければなりません。

それこそ二〇年くらいの単位で研究しないといけませんから、すぐに金のなる木にはならない。だからといって投資をしないでいると、ジワジワと科学技術分野で後れを取ることになるのです。今すぐに始めたって、成果が出るのは一五年から二〇年後です。早くやれ、と私は声を大にして言いたい。

未来は暗くても「負けてたまるか!」

しかもその間、労働人口はどんどん減っていきます。おばあちゃん国家になっていくのです。これではどうやって日本は立ち直るのか。

また、若者の人口が減っていけば、必然的に競争の場が失われていきます。大学の数だって、今の半分で済んでしまうようになるときが来るでしょう。今でも希望すれば全員が大学に入れるだけの数があり、「大学全入時代」などと言われています。あるいは、小さい頃からちやほやされてきたから、競争心が薄れ、「大学なんて行かなくてもいいや」という人が増えてくるかもしれません。

この間、アラブの人たちと話をする機会がありましたが、彼らはじつに兄弟が多いのです。五～六人は当たり前。中には一五人兄弟だという人までいる。一方の日本は一人か二人です。

今日より明日、明日より明後日のほうがいい生活ができる、そういう希望に満ちていたら、女性は子供を産んで育てようと思うものです。ところが今は、夫の給料は下がる一方、産婦人科を探すのだって一苦労というのが現状です。ようやく産んだところで、小児科医は簡単に見つからないし、保育所や託児所は待機児童でいっぱいです。政府からいくばくかのお金をもらったところで、果たしてどれほどの人がこんな苦労を進んで背負おうと思うでしょうか。

このことを考えると、人口が増える見込みはきわめて小さく、それによって競争力も失われ、「人と技術」は育たなくなります。閉塞《へいそく》感の漂う今日、希望の見えない明日、突破口を見出《みいだ》すのは簡単ではありません。

もっとも今挙げた以外にも点滅する赤信号はいろいろあり、これは大なり小なり連動して、日本を袋小路《ふくろこうじ》に追いやっています。霧が晴れたら我々はまさに絶壁の上にいるのだということを、多くの国民、とりわけ日本の将来を背負って立つ若い世代が危機として共有しなければなりません。

霧が晴れて、「おお、我々は大平原にいるぞ。ライジング・サンだ」と呑気《のんき》な勘違いをしている場合ではないのです。本当に太陽が東から昇ってくればいいのですが、我々に見えるのは点滅する赤信号です。政界も財界も、はたまた国民も、これに気づいていないのか、あるいは気づいていても見て見ぬふりをしています。本当は絶壁の上なのに大平原だと感じたり、赤信号が点滅しているのに青信号だ、太陽だと思い違いをしたりする。ここは、勇気を持って点滅する赤信号を見据えていかなければなりません。

繰り返しになりますが、愚策を弄している時間はないのです。こうしたときこそ、若者が「我こそは」と立ち上がらなければなりません。この先、中学生以下一人に対して六五歳以上の老齢人口が五人という世の中がやってきます。「一対五」ですから、圧倒的に老人の影響を受けます。ともすれば若い人たちも老人のようになってしまいかねない。いや、むしろそうなっていると言ってもいいかもしれない。最近の若者は本当に元気がないように感じます。

若者らしいエネルギッシュな情熱を持って、社会に向かっていってほしいと思います。

自分が正しいと思ったのなら、「なんだ、この野郎」と上司に歯向かうぐらいの気概《きがい》がなければいけません。何も言えず、クヨクヨしているだけでは、世の中は何も変わらないのです。

また、何でも理解のあるような態度で相手との衝突を避けているのも同じことです。問題を先送りするだけで、やっぱり世の中は変わりません。現実を直視せず小さくまとまって何の意味があるのか。「お前は老人か？」と、私は声を大にして言いたいくらいです。

良くも悪くも青臭《あおくさ》さ、無鉄砲《むてっぽう》さが若者の特権なのです。皆さんのその特権が、日本という国の未来を照らす。私はそこに大いに期待しています。要は「負けてたまるか！」の精神です。そのことをよく踏まえた上で、本題に入っていくことにいたしましょう。

第1章

DNAのランプが点灯するまで努力せよ

――人は仕事で磨かれる

今の若者は伝書バト？

二〇〇八年夏、私は北京市《ペキン》に招待され、オリンピックの開会式に出席してきました。そこで強く印象に残ったのは、世界中から集まった若者たちのギラギラとしたまなざしです。彼らは「負けてたまるか」という気概に溢《あふ》れていました。

試合に負けても苦笑いで気持ちが収まってしまっているような日本選手を見ると、実力は互角のはずなのに、試合前にすでに「気力と根性」で大きく差をつけられているんじゃないか。そんな気がしてしまいます。

ことはスポーツの世界に限りません。私は最近、入社したての若者を「伝書バト」と呼んでいます。上司に言われたことを相手に伝えるだけで戻ってくる。何か問題が起きても、自分の頭で考えることをしない。これまで、箸《はし》の上げ下ろしから全部、親が面倒を見てくれ、快適な生活を与えられてきたから、言われた以上のことをやる必要がなかったのだと思います。そして、「最後には、誰かが助けてくれる」といった甘えがどこかにあるのではないでしょうか。

あまり説教臭いことを言うつもりはありませんが、私の若かった頃と昨今の若者の一番大きな違いは、若者の特権、つまり青臭い正義感といったような気持ちがなくなってしまっていることです。

若い頃は誰でも世間知らずでしょう。だからこそ、周囲におもねることなく、妥協することなく、青臭い正義感を発揮することができるのです。

「弱者に目を向けないこの世の中は一体どうなっているんだ」とか、「何だ、アイツは権力を振りかざしやがって」とか、周囲に目を向ければ、納得いかないことがたくさんあるはずです。

たとえば私の大学時代だって、「どうして授業料を上げるんだ。つまらないところで税金を使っているくせに。こんなことは許せない」などと言って、学生運動をやっていました。良く言えば純真、悪く言えば無鉄砲。自分の信じるところにしたがって、脇目《わきめ》も振らず立ち向かうというエネルギーは若者の特権です。

ところが、昨今の若者は、自らは何も行動を起こさず、ただ魚が来るのを待っているだけのように私には映ります。お父さんお母さんが与えてくれる魚、あるいは上司や会社が与えてくれる魚。これをひたすら待っている。今まで手を出したら必ず魚を与えられていたから、そういうものだと思っているんです。釣りざおを持って働くのはバカバカしい。下手すれば、自分では釣れないかもしれない。それなら待っていたほうがいいに決まっている。

しかし、それは本当に美味《うま》い魚でしょうか。もしかしたら「魚まがい」のものかもしれない。だけど自分で釣っていないからわからない。

そして魚が与えられなくなったら、みんな人のせいにしてしまいます。私は悪くない。悪いのはあなた、というわけです。

「俺が勉強嫌いになったのは親のせい」「俺が今貧乏なのは親が悪い」「私を評価しないのは周りが悪い」……。

挙げ句の果てに、雨が降っても槍《やり》が降っても人のせいだ。石に蹴《け》つまずいたら「何でこんなところに石ころ置くんだ」と周囲に八つ当たり。そんなもの、自分で気をつけろというだけの話です。

もっとも、これは若者だけが悪いのではありません。無条件に魚を与え続け過保護に育てた親や、それを許してきた社会環境、そして会社の上司だって、若い人たちに嫌われたくないから厳しいことを言わずにやり過ごしてきたのです。これではどんな立派な人間だって、釣りざおを持たなくなってしまうでしょう。

けれど、若い人自身が、今の自分を親のせい、環境のせい、上司のせいにしていたら、何の成長もありません。そのままずっと、「悪いのはあなた」方式でやっていくのでしょうか。

自分の身の回りで起きた物事に対して、「俺は関係ない。あなたが悪い」というのでは、「自省《じせい》の心」が育ちません。自ら反省するところがないというのは、成長することがない、ということです。貧乏を親のせいにして嘆《なげ》く暇があったら、自ら釣りざおを持って試行錯誤《しこうさくご》してみればいい。最初はうまくいかなくても、そのうち自力で魚を釣れるようになります。

職場で誰も評価してくれないなら、それを周りの理解不足のせいにするのではなく、自分の力不足だと考えて努力を始めればいい。自らを省《かえり》みるところに、成長のチャンスがあるのです。

いつも誰かが助けてくれる。そうして自分の頭で考えようとしない「伝書バト」のままでは、ずっと「悪いのはあなた」方式から抜け出ることはできません。

自分と向き合うことを恐れないでほしい。今、何かに苦労しているなら、それは天が与えたチャンスです。その中でこそ人は磨《みが》かれるのです。

最初の二年間は授業料を払え

私は新入社員によくこう言うんです。

「君たちはお金をもらって会社で仕事を教えてもらい、鍛えられている。給料をもらうなんて話が逆だろう。会社がもらいたいくらいだ。授業料、持ってこい」

これで本当に持ってきたらすごいことですが、今のところいません。しかし実際、新入社員を受け入れる会社としては、そういう感覚でいるわけです。

最初の一、二年は、雑務をこなしているだけで会社に利益をもたらすことはありません。三年目くらいから、ようやく使えるようになってきて、給料を支払ってもいいかなというレベルに達します。ですから、それまでは給料を返上してもらうどころか、こっちが授業料をもらいたいくらいなのです。

しかし中には、たいして貢献もしていないのに自分の周りだけを見て、「俺はこんなにできるんだ」と勘違いするような夜郎自大《やろうじだい》の若者がいます。とんでもないことです。一歩外へ出てみたら、いてもいなくてもどっちでもいいような存在なのです。それを一生懸命鍛え上げて、おまけに給料まで出しているというのに、それが低いの安いのと言うんだから、冗談じゃない。でも、そうやってすぐに辞めてしまう人はじつに多い。残念なことだと思います。

しかし、かく言う私も、伊藤忠商事に入ってすぐに「辞めようかな」と悩んだ経験があります。別に給料に不満があったわけではなく、雑用ばかりやらされて、それが一生続くのかと思ったからです。

最初の配属先は食糧関係の部署でしたが、仕事といえば簡単な翻訳、上司が汚い字で書いた文書の清書、見積書の検算《けんざん》などといったことばかり。私は大学で法律を勉強していましたが、それが活かされることがないのです。

こんなくだらないことをするために俺は大学に行ったのか。こんなことといつまで続くんだ。しばらく悩み、会社を辞めて大学院に進んで、司法試験を受けようと思いました。そこで大学時代の親しい教授に相談したのですが、「たった二カ月で仕事の何がわかるのか」と諭《さと》されました。

会社に入って三年くらいで辞める人の多くは、当時の私のように「永遠に今の仕事が続く」と思ってしまうんです。辞めたいと思う人は、どちらかといえば自負心《じふしん》が強く、「自分はこれだけ勉強してきた」という自信がある人でしょう。本当に会社の役に立ちそうな人ほど、この思いに駆《か》られる。だからこそ、少しだけ我慢してみてほしいと思います。

ある銀行の頭取は、新人時代の一年間、毎日封筒のあて名書きばかりさせられました。しかし、それが自分の銀行の重要な客先を誰よりも知ることにつながり、人生の後半で役立ったと、後年気がついたといいます。

私自身、雑務をこなすうちに仕事の流れがつかめてきました。たとえば、現業《げんぎょう》部門の数字から、会社の経営が見えてきます。翻訳業務は海外との接点となります。どんな仕事にも意味があるのです。そして、退屈で基礎的な仕事を長くやった人ほど、実際のビジネスの場面で飛躍的に伸びることがあります。

新人時代に習うことは、「仕事人」としての土台であり、それを欠くと、その後の仕事は砂上《さじょう》の楼閣《ろうかく》になりかねません。給料が低いの安いのとボヤく前に、まずは「お金をもらって勉強させてもらっている」という気持ちで何でも興味を持ってやってみる。いやいや働くより何倍も仕事のやり方が身につくでしょう。

アリのように泥にまみれて働くと、どうなるか？

本書を手に取る人の多くは、新米社会人か、あるいはこれから社会に出ようとする人だと思います。私はそんな若い人たちに言いたい。

「まずはアリのように泥にまみれて働け」

ごちゃごちゃ言う前に、身を粉《こ》にして働いた人のほうが、はるかに実力をつけることができます。少なくとも、入社してからの一〇年間は、アリのように働きなさいということです。

と言っても、一〇年後がどうなっているか、想像できない人も多いでしょう。一〇年間もアリか……と呟《つぶや》く人もいると思います。しかし実際は、最初の数年です。

若者は右も左もわからない状態で社会に出て、それを会社がいろいろ教え、一人前になるまで育てるのです。先にも述べましたが、この間は、授業料を払うどころか給料までもらっていると考えて、とにかく一生懸命に働いてごらんなさい。すると、だんだんと会社の実情、あるいは社会の仕組みといったものが見えてきます。また尊敬できる上司や、逆に反面教師になり得る先輩などとの出会いもあるでしょう。これも社会勉強です。

そうして三年ほど経《た》てば、少しずつ責任ある仕事を任され、そこに仕事の喜びを見出せるようになります。こうなればシメたもので、ますますアリのように働けるようになります。喜びがあるんだから、泥にまみれてもそれほど苦ではありません。そこから先はあっという間です。気づいたら、「お前、なかなかやるな」という周囲からの評価がついてくるのです。

ちなみに私がどういう部下を評価するかというと、任せた仕事を私の予想以上にしっかりと心配りをして、仕上げてくる部下です。いちいち指示されないとわからない、動けないのではなく、私が言い忘れたことや、言おうと思っていたことまで手抜かりなく、完璧《かんぺき》に仕上げてくる部下は、私だけでなくすべての上司が信頼し、評価するでしょう。

私の場合は、一回任せてみてしっかりと仕事をした部下には、次はさらに大きくて難しい仕事を任せます。こうやって三回任せてみて、すべてきっちりと仕事をする部下は、評価し、さらに上のポストに就《つ》かせてきました。

評価されることが目的ではない

ところで勘違いしないでほしいのは、高い評価を得るためにアリのように働くのではないということです。順番が違うのです。

最初から高い評価を得ることを目的にしていたら、「自分は評価されてしかるべき」という驕《おご》りが必ず頭をもたげてきます。すると「上司は俺をなんで評価しないんだ」という不満も出てくる。評価されようとおべんちゃらを使うようになると、くだらない派《は》閥《ばつ》闘争に巻き込まれ、ゴマすり人間で一生を終えることになるかもしれません。

そうではなく、まずは謙虚に、すべてを吸収するつもりで努力してみることです。一

○年経てば、「俺はこれだけやったんだ」という自信が生まれてきます。周りがゴチャゴチャ言っても、自信があればアタフタすることもありませんし、自分の信念にしたがって行動することができるようになります。
元巨人軍監督の川上哲治《かわかみてつはる》さんは倒れるまで練習して、それでも足りず、さらに練習をしたといいます。女子プロゴルファーの宮里藍《みやざとあい》さんは、どんなコンディションのときでも、うまくいくことを信じて自分を鼓舞《こぶ》するようにしているそうです。相当の練習で自分を鍛えてきたからこそできることです。

心身を鍛錬していない人は、ちょっと調子が悪くなっただけで「へなへな」になってしまう。一方、とことんまで鍛えた人は「これだけ練習を積み重ねてきたんだから」という自負心が底力となり、精神的に競争相手よりも優位に立てるのだと思います。

ビジネス界も同じでしょう。私は二九歳からニューヨークに駐在《ちゅうざい》していましたが、昼夜も土日もなしで働きました。時差があるので、早朝から欧州とやりとりし、夜は日本が相手でした。その結果、「仕事量では誰にも負けない。やれるもんなら、やってみろ」と言えるまでの自信がつきました。そうした経験は蓄積《ちくせき》され、絶対に無駄にはなりません。

何事も「やれるもんなら……」と人に言えるまで、自分を鍛えなければいけません。だから、まずは騙《だま》されたと思ってアリのように泥にまみれて働け。最後は自分との闘いです。

パックツアーの心地《ここち》よさに慣れきった日本人

最近では、怖い上司というのがいなくなったように思います。部下を厳しく叱《しか》り、「バカ野郎」と怒声《どせい》をあげる人が少なくなりました。それどころか、若い女性社員をチヤホヤして「いいおじさんね」なんて言われて喜んでいる。フニャフニャした背中を見せているから、若者も「そういうもんだ」と思うし、「何かあったら助けてくれる」という甘えが出てくるのです。

私は若者にもっと元気を出せと言い続けているけれど、若者だけじゃありません。若者の元気のなさは、大人が原因でもあるのです。

とりわけ、管理職である今の五〇代以上は、よほど考え直さなくてはいけません。自分が管理する立場なのに、社会や企業で管理されることに慣れきってしまっているから、まるで「ヒッジの群れ」です。

おまけに最近では「ワークライフバランス」などといって、仕事と休暇のバランスまでお上に決めてもらおうとしている。私から言わせれば、余計なお世話だ。そんなことぐらい、自分で決めるよ。いらん御節介《おせっかい》だと怒《いか》るべし。

もちろん、こういった規定を設《もう》けなければ強制的に長時間労働を強いる経営者もいるわけですから、基準を設けるというのは一つの考え方ではあると思います。しかし、何でもかんでも規制して、それを破ったらペナルティだなんて、一律《いちりつ》に決められるものでしょうか。

それぞれの会社には特性があり、社風や社員もさまざまです。したがって、もし何かのルールを設けるのなら、政府が細かくフォローしていく姿勢が必要でしょう。それを十把一《じっぱひと》からげで、一人が悪いことをやれば全員が悪いことをするのだという考えに則《のっと》ってルールを決めてしまえば、健全な競争心は育たなくなってしまいます。管理するほうは楽ですが、一人ひとりが自分の頭で考えて釣りざおを持とうという「自主自立の精神」が育《はぐく》まれることはないのです。

私は、地方分権改革推進委員会の委員長を務めていましたが、議論をしていて、つくづく「自主自立の精神」が日本には欠如《けつじょ》していると思いました。

地方は中央省庁の言うままに道路をつくり、ナントカ会館などという箱モノをつくる。国は補助金をくれますが、全額ではありません。残りは地方の借金です。それでも補助金目当てでナントカ会館をつくるのです。

できた会館が幽霊《ゆうれい》屋敷になっても、「役に立たないから国にお返しする」というわけにはいきません。数十年間は他の用途に使ってはならないと国が決めているからです。国はただで金はくれないのですから、嫌でも従わざるをえない。

パックツアーのように、添乗員《てんじょういん》の旗《はた》の後をゾロゾロついて行くのは、自由はないけれど、こんなに楽なことはないでしょう。一度その味を覚えたらやめられないものです。でも、地方自治体は北から南まで一律の条件ではありません。パックツアーでは対応できない。北海道と沖縄では、気候も違えば生活習慣も異なります。東京と地方だって同じ括《くく》りにはできません。お上が決めた「十把一からげ」のルールでは、あちこちに歪《ゆが》みが生じてしまうのです。

一番重要なのは、地方自治体が、それぞれの住民のために自由を獲得し、責任を持って仕事をすることです。ところが残念なことに、「金をくれないから」「そんな能力がないから」と尻込《しりご》みしてばかりいるのが現状です。

「くれない症候群」から脱却せよ

大人がこんな状態だから、若者もまた、そういうものだと思ってしまいます。できない理由を周りのせいにするのです。

一時期、運動会では全員一緒にゴールをさせるとか、危ないからハサミは使わせないなどという教育が行われたことがありましたが、こうしたことは愚《ぐ》の骨頂《こっちょう》です。転んだヤツがビリになるのは仕方がない。擦《す》り傷程度なら、自分で起き上がって、傷口に唾《つば》つけて走ってこい、というのが本来の教育のあり方でしょう。それを親や先生が走り寄って助けてしまう。これでは競争心は芽生《めば》えず、甘えを増長させるだけです。何か意に沿わないことがあると、それは自分のせいではなく、あなたが悪い。周りが悪い。こういう「悪いのはあなた」方式の考え方をする人の多くは、「くれない症候群」に陥《おちい》っています。

私が貧乏なのは親が金をくれないから。
私が実力を発揮《はっき》できないのは上司が認めてくれないから。
私が勉強できないのは親が家庭教師をつけてくれないから。

もし、こういう「くれない症候群」になっているのなら、一度、「それは自分のせいではないか」と頭を切り替えて考えてみるといい。

親が金をくれないのではなく、自分が稼ごうとしないせいではないか。上司が認めてくれないのではなく、自分がきちんと仕事をしなかったり、サボったりしたせいではないか。勉強嫌いは親が家庭教師をつけてくれないからではなく、自分が机に向かおうとしなかったせいではないか。

人間というのは理屈の天才です。できない理由、やらない理屈を述べれば、いくらだって出てくる。私だって一〇〇ぐらいの理屈をすぐに並べ立てることができます。しかし謙虚に振り返ってみると、何よりも自分自身に思い当たる節《ふし》があるはずです。すべては「自分に負けている」ことの言い訳でしかないのです。

新しいタイプのうつ病

会社を辞める理由で最も多いのは、日米を問わず「上司との折り合いが悪い」ことだそうです。嫌な上司との巡り合わせは非常に不運なことですが、これは誰にでも起こり得ることだと考えていいでしょう。

「上司に恵まれない」「努力しても評価されない」「不遇だ」などと思っているなら、不遇にしているのは、じつは自分自身ではないかと疑ってみてほしい。もしかしたら、単なる「くれない症候群」の可能性もあります。

もちろん、上司が悪いときもあるでしょう。でも、他人は自分の鏡《かがみ》です。上司のことを「この野郎」と思っていれば、相手にもそれが伝わるものです。上司の対応が悪いのは、もしかしたら自分がまいた種かもしれない。一度、そういうふうに自問してみたら、それは成長するためのステップとなるはずです。

ところが今の若者は、どうしても「くれない症候群」で、「悪いのはあなた」方式に陥ってしまう。自分が何かをやり遂げたという実績の裏付けもないままに、「自分がどうしてこんな不遇なポストなんだ」とか、「なんでこんなこと言われなきゃならないんだ」と、ついつい周囲が悪い、上司が悪いと考えてしまうのです。

最近では、こうした人たちもうつ病になりやすいと言われています。もともとうつ病は、完璧主義な人とか生真面目《きまじめ》な人、あるいは何でも自分が悪いのだと考える傾向がある人がなりやすい、というのが定説でした。要は「自分はダメだ、自分が悪い」と考えて落ち込みやすい人が、うつ病になりやすいと言われていた。

ところが、昨今は、「自分が悪い」ではなく、「周りが悪い」と考えて不満をため込み、発病に至る新しいタイプのうつ病が増えていると指摘されているのです。

不満をたくさん抱えているのに、鬱憤《うっぷん》をはらす場所もなく、気持ちが満たされない。こういう人が病院に行って医者に話を聞いてもらうと、「あいつが悪い」「あいつのせいで」などといった具合に周囲に対する苛立《いらだ》ちをむき出しにして、不満をブチまけるというのです。

言いたいことは言えばいい

先に私は「アリのように働け」と言いましたが、これは何も不満をため込んで、上司に唯々諾々《いいだくだく》と従え、ということではありません。言いたいことはどんどん言えばいい。自分が本当にアリのように働いているなら、それが自負心となって、不正に立ち向かう勇気や気概が生まれてくるはずです。

また、たまには友達と会って、酒を飲んで「バカヤロー！」と騒ぐのもいいでしょう。こうして鬱憤をはらすことができれば、うつ病になるリスクは軽減されるはずです。酒は身体に悪いという意見もありますが、飲まなきゃ心に悪いこともある。今は健康ブームで、あれも悪い、これも悪いと言われますが、その通りに我慢ばかりしていたら、身体にはよくても、心には良くない、ということになってしまうでしょう。

一時期もてはやされた「コミュニケーション」ならぬ「飲ミニケーション」、つまり酒の席で人間関係を築くというのは、私は今でも十分に有効な方法だと思っています。

上司は、たまには部下を誘って、一対一で言いたいことを言わせればいい。部下に好き勝手なことを言わせる度量が、上司には必要です。若者も、職場では言えないことを思い切って言ってみれば、距離がぐんと縮《ちぢ》まるのを肌で感じるはずです。

だいたい、職場で叱られてばかりいて、力もないし知識もないから歯向かえず、家に帰れば帰ったで、奥さんに「なんで給料がこんなに少ないの」などと文句ばっかり言われている。これでは誰だって心が凹《へこ》んでしまう。

これは私の持論ですが、人間というのは、そんなに性質が大きく違うものではありません。どんなにおとなしそうに見える人でも、口には出さない不満を一杯ためている。神様のように見える人でも、内心では鬱屈《うっくつ》した思いがある。そしてときに、それをブチまけたくなったりするものです。男も女も関係ない。

私自身、新入社員の頃は怒られてばかりいました。だけど私だけが怒られているわけじゃないから、怒られた者同士、飲むわけです。それで「あの野郎、偉そうにしやがって」などと言って騒いで、憂《う》さを晴らす。

また、上司もよく飲みに連れていってくれました。よく叱られたけど、よく飲ませてくれた。私などは単純だから、好きなお酒を飲ませてもらえば「いい会社だな」と思ってしまう。これがなかったら辞めていたかもしれません。そうやって、職場以外でも人と人とのつき合いが増えていくと、だんだんと上司の言うことも理解できるようになっていきました。

この経験があるので、私が課長のときなど、よく部下を一対一で飲みに連れていっていました。多くの女子社員と、神田のあんみつ屋さんに行ったこともあります。

上司は上司で直さなければならないところはあります。しかし若者も、アリのように働く一方で、言いたいことは言う。もっと若者らしく、自由奔放《ほんぽう》にふるまえばいいのです。私は会社でよく言うんです。

「お前たちは誰に遠慮しているんだ？　何か言うと偉くなれないとでも思っているのか？　我が社ではそんな心配は必要ないから、言いたいことは言えばいい」

なぜ上司に言いたいことを言わないかというと、黙って顔色を窺《うかが》う人のほうが偉くなっていくからです。ヒラメのように上ばかり見ている官僚の権化《ごんげ》のような人を役員にしたりする。これはトップの責任であり、その意味でリーダーたちは大いに反省しなくてはならないでしょう。そんな会社なら、さっさと辞めてしまえばいい。ただし、それはアリのように働いて、周囲に認められてからの話です。

評価のバラツキは必ずある

いずれにしても、本気で挑戦し、仕事に一生懸命に取り組む人を、会社は不遇なポストに置いておきはしません。確かな実力があるならば、最終的に会社は、上司ではなくその人の主張を聞くものです。

先ほども述べたニューヨークに赴任して猛烈《もうれつ》に働いていた当時、こんなことがありました。あるとき同僚と話をしていて、自分の給料が他の同僚よりも低いことを知ったのです。知らない幸せ、知る不幸。私はよくそう言いますが、このときの私がまさに「知る不幸」でした。

しかし、当時の私は誰よりも猛烈に仕事をしているという自負があったし、周りの人間もある程度それを認めてくれていたと思います。私の給料が低かったのは、会社における評価の問題でした。

完全に公正な評価というものは存在しません。同じぐらいがんばって結果を出していても、Aという上司は辛口の人で一〇点満点で七点しかつけてくれないかもしれない。逆にBという上司は甘口で、九という評価をつけてくれる。どんなに公平を期しても、そのような評価のバラツキは必ずあるものです。

不幸にもその評価のバラツキを知ってしまった私は、同僚との評価の差も含めて、「この評価はおかしいのではないか」と堂々と上司に直談判《じかだんぱん》をしました。その結果、評価のバラツキが是正されて、給料が上がりました。

このときは、たまたま私の主張が通って給料が上がりましたが、別に上がらなくてもそれはそれで仕方がない。ただ、自分に自信があれば、もしかしたらそれが間違った自信であったとしても、言いたいことを正々堂々と伝えればいいのです。一番いけないのは、言いたいことも言えずに、愚痴や不満を自分の内部に抱え込むことです。そんなふうに働いていて、いいことは一つもありません。

どんなに優秀な人でも、ミスをするのは当たり前

上司に叱られて落ち込まない人はいないと思います。しかし新入社員のときは、誰だって叱られるものです。何も知らないのだから当たり前、私も幾度となく叱られました。もちろんミスもたくさんする。けれど、ミスそのものを反省したら、もう落ち込む必要はありません。誰でもミスはするものです。自分だけが特別に失敗ばかりするなんて、そんな人はそういません。

上司からしてみると、「そろそろコイツはミスするぞ」というのがわかります。疲れが出てくるとか、この時期になると仕事がマンネリ化して手を抜きがちだといった具合に、おおよその見当がつくのです。自分も通ってきた道ですし、これまでの部下も同じようなものですから、だいたい先のことが見えるわけです。ついでに、「ああ、こいつはそろそろ隠しごとをするようになるぞ」というのもわかります。

私は、優秀な人間ほど隠しごとをすると思っているんです。自分も周りも優秀だと思っているでしょう。本人は自分の名誉を傷つけたくない。周りから「あいつも普通の人間か」と思われたくない。だから、必死になって隠すわけです。

ところが、どんなに優秀だって人間はミスをする生き物です。決して間違っていないと思っていたって、そもそもその考えが間違っている。人間は間違いを犯す動物なんだから、絶対に間違っていないということはあり得ないのです。

米国の投資銀行であるリーマン・ブラザーズが、二〇〇八年に経営破綻しました。それ以降、世界経済は「一〇〇年に一度」と言われるほど深刻な金融危機に見舞われています。いわゆるリーマン・ショックの根本的な原因は、リーマン・ブラザーズが成功体験を続けてきたことにあります。利益を出し続け、自分たちのやっていることは間違いないのだと自分たちの能力を過信したのです。傲慢《ごうまん》になり、リスク管理が甘くなってしまいました。そういうことは、企業に限らず、個人にもあるのです。

「ハインリッヒの法則」という言葉を皆さんは聞いたことがあるでしょうか。一つの重大事故の背後には、二九の軽い事故があり、その背景には三〇〇の「ヒヤリやハッとする出来事」が存在しているというものです。つまり、周りにいくつも存在している「ヒヤリとする出来事」、言い換えれば「アレッ？　と思う程度の異常」を見逃していると、それが重大な事故につながるということです。

逆に言えば、そういう小さなことに気づいて改善したのなら、重大な事故を起こさずに済むわけです。したがって、小さなミスをたくさんしたほうがいい。「しまった」と思って反省すれば、大事に至らずに済むからです。これが、少しもミスをしない、あるいはミスをしてもこの程度のことかと隠してそのままにしておくと、取り返しのつかない事故を引き起こしてしまいます。

だからミスをして怒られ、たとえ落ち込んでも、そう考えて頭を切り替えればいい。ただし、同じミスを何度も繰り返したらダメです。最初のミスから何も学んでいないということになります。

会社は、新入社員が犯す小さなミスぐらい、最初から起こるであろうことはお見通しです。また、上司はその対処の仕方ぐらい心得ています。ところが小さなミスを隠してしまうと、ちょっとやそっとでは取り返しのつかない大きな事故につながる可能性が高い。本人どころか、会社全体の信頼を失いかねない事態に至ってしまうのです。

私は一九九八年に伊藤忠商事の社長に就任してから、「クリーン、オネスト、ビューティフル」ということをずっと言い続けてきました。清く正しく美しく、というのは、使い古された言葉かもしれませんが、人間にとってとても大事なことです。

どんな取引でも、法律に抵触することはないか、正直に仕事をしているか、卑怯《ひきょう》な手段を使っていないかを考えなくてはいけません。少しでもグレーな部分があるなら、どんな儲《もう》け話であっても決してやらない。私は、会社というものは「信頼」が一番大事だと思っているからです。これを失ったら、取り戻すのは容易ではありません。

個人でも同じです。とりわけ新入社員にとって大事なのは、「正直であれ」ということ。小さなミスをすると、前述のように優秀な人ほど隠そうとします。やっていないことを「やっている」などと言ったりするようになるわけです。しかし一度嘘《うそ》をついたら、その嘘を隠すためにさらに嘘をつくことになる。嘘の上塗《うわぬ》りです。

それが続くと、いつも何かに脅《おび》えることになり、気持ちも荒《すさ》んできます。それこそ、鬱々《うつうつ》として、うつ病にだってなりかねません。

「ありのまま」の自分でいるしかない

じつは私は、一度だけ上司に嘘をついたことがあります。入社して六年後にニューヨークに駐在したのですが、その渡米前、まだ二〇代後半の頃でした。油脂《ゆし》部というところにいて、大豆の取引を担当していたんです。当時の伊藤忠商事は、日本で一、二を争うほど大量の大豆を米国から輸入していました。

あるとき、上司から「船会社への請求は全部終わっているよな」と聞かれました。本当は何カ月もほったらかしで手をつけていなかったのですが、上司に文句を言われるのがイヤで、とっさに「やっています」と言ってしまったんです。「しまった」と思ったけれど、言ってしまったものは仕方がない。

大豆は船で輸入するので、荷物を下ろすために一定期間、船は港に停泊《ていはく》します。これが予定より早く済んだら、「早出し料」として、船会社からボーナスをもらう。逆に予定より時間がかかってしまったら伊藤忠がペナルティを支払わなくてはなりません。このほか、雨が降って作業ができない場合は、その時間帯だけは控除《こうじょ》できるなど、細かな取り決めがあります。そういうものをすべて計算して、ドルに換算して請求書を出すというのが私の仕事でした。これがじつに面倒臭い仕事で、つい後回しにしてしまっていたのです。

上司に「やっています」と言ってしまったものだから、何とかやらなければなりません。渡米の日は刻々《こっこく》と迫ってきますから、徹夜で必死に計算しました。

ところが、請求書を出した船会社のうち、何社かが倒産しそうだという話が聞こえてきました。そうなったらえらいことです。当時は一ドル三六〇円の時代でもあり、請求した金が振り込まれなければ会社に大きな損害を与えることになります。本当に金が振り込まれるのか、気が気ではありませんでした。

幸いにも、倒産が噂《うわさ》された会社は別の会社に吸収合併《きゅうしゅうがっぺい》され、請求した金額はきちんと振り込まれました。このときは本当にホッとしました。

それ以来、私は「これから先、絶対に嘘をついてはいけない」と思いました。何しろ、いつ振り込まれるかと心配で心配で、酒を飲んでもちっともうまくない。いつも暗澹《あんたん》たる気持ちで、ヒヤヒヤしていたからです。心がスッキリ晴れるということはありませんでした。

しかし、この一件を猛省《もうせい》して以降、私の心は非常に明るくなりました。嘘も隠しごともせず、いつも気分は晴れやかだったからです。酒を飲んでもマイナス思考に陥ったり、うじうじと悩んだりすることもありません。

自分に後ろめたいところは何もないから、全部オープンです。すると、何でも思い切って言えるし、自信を持って仕事に取り組めるようにもなります。もしそこで批判されたら、これはもう仕方がないと割り切ることもできます。それが自分の「ありのままの力」なんだから。

もしあなたがミスをしたなら、批判も怒声もすべて受け入れるしかないのです。カッコよく見せようとか、能力があるように見せようとすると、どこかで必ず綻《ほころ》びが出てきます。いつも等身大の自分でいることです。

そして何より、等身大の自分を磨くことを考えなくてはいけません。いくら良く見せようと思って顔にペタペタと何かを塗って化粧したところで、そんなものはすぐに剝《は》がれてしまいます。

心の化粧だって同じことなのです。一生、自分の心に化粧することはできないし、無理して化粧を続けても、心が壊れてしまうでしょう。あるがままで評価してもらうしかないのです。ミスをしたら、これから同じことを繰り返さないために、実力をつけていくしかありません。

第一、「ごめんなさい」と言ったほうが、気持ちが楽でしょう。そうしたら後は全部、上司の責任だ。若手はまだ偉くないんだから当然です。課長になったら責任を取ることを考えなくてはなりませんが、それとて部長に申告したら、部長の責任となります。

偉いポストにいる人というのは、中にはおべんちゃらを使ってそのポストに就いた人もいるかもしれないけれど、本来、そういう責任を果たすだけの経験と見識を持っているから偉いポストにいるのです。責任の取り方を上司に学び、また失敗から学び、自らの成長につなげていけば、それでいい。「ありのまま」の自分に実力をつけるとは、そういうことです。

アリ・トンボ・人間になれ

かつて会社の先輩が、新卒の採用試験の面接でこう聞きました。

「君はアリになれるか。トンボになれるか。そして、人間になれるか」

私はとてもいい言葉だと思っています。

「アリになれるか」というのは、これまで何度も述べてきたように泥まみれになって働けるかという意味です。小さな存在だけれど、地を這《は》い、ドブ板を踏んでアリのように働く。

「トンボ」とは、複眼的な広い視点でものを見ることができるか、ということです。自分にとっては良いことでも、相手にとって都合の悪いことがあるかもしれません。会社の利益になると思っても、じつは信頼を失うようなリスクをはらんでいるかもしれません。あるいは、これまで前例主義でこういう仕事のやり方をしてきたけれど、もっといい方法があるんじゃないか。このビジネスが成功したのなら、もっと別のニーズも存在するのではないか……。

さまざまな角度から検証していく視点、あらゆる可能性を探る姿勢、こうしたことが「トンボ」になるということです。

そして最後の「人間」とは、血の通う、温かい心を持った人間になれるか、ということです。

会社に入って最初の時期、二〇代～三〇代までは、アリのように地を這っていくことが大事です。がむしゃらに進み、失敗を重ねていく中で三〇代前半を迎えます。そこから四〇代前半までは、「トンボ」のように広い目で世間を見渡して勉強する。会社のリーダーに近づいていく四〇代後半から五〇代にかけては、精神的にも鍛錬を積み、自分だけではない、人間というものをさらに勉強する。人を知ることは、マネジメントの極《ごく》意《い》でもあります。たくさんの部下を抱えるようになり、自《おの》ずと人間というものの本質を探っていく必要に迫られるのです。

このように社会人には、年齢によってやるべきことがあります。そのときどきで、自分に嘘偽りなく仕事をしていくのはもちろんですが、キャリアや立場によって学ぶものも異なってくるのです。

パソコンをポコポコ叩《たた》くだけで人間が成長すると思ったら大間違いです。九時から五時まで働いて、給料をもらえればそれでよし。それでは成長なんかしません。

まだ若い人も、私の年齢になったらきっと気づくことでしょう。会社員の財産は、上司や同僚、友人など、仕事を通して培《つちか》われた人間関係です。仕事を辞めた後も、自分の人生を支えてくれる人、腹を割って相談できる人、本当に力になってくれる人……。

人を裏切らず、一生懸命に仕事をして、お互いに信頼し合える仲になって初めて、そうした財産が築けるのです。

国際社会で通用するために、一番大事なことは何か

世界は米国の一極集中から多極化の時代へ向かおうとしています。その国際社会の中で、日本人はこれからどう生きていけばいいのでしょうか。

私は米国駐在時代の知人も含め、海外にたくさんの友人がいます。彼らと人間関係を築く秘訣《ひけつ》は、国内と何ら変わりません。人を裏切らないことです。

どれだけグローバル化が進もうと、一番大事なのは人間同士の信頼関係です。人間の信頼と絆《きずな》がなくては、どんな社会も成り立ちません。これは何も日本固有の現象ではなく、世界共通なのです。

誰かを裏切ったり嘘をついたりしたら、再び信頼してもらうことは容易ではありません。「こいつはまた嘘をついているんじゃないか」などと思われたら、友達もできません。食品偽装事件などの問題も一緒で、「信頼できない」となると、消費者はいくら安くたって買わなくなるものです。

逆に言えば、「この会社は嘘をつかない」と信頼してもらえれば、それがブランドとなります。「このブランドの製品は間違いない」「このブランドだから買う」という具合になるのです。

人間だって、ブランドが大事です。「あいつの言うことだから間違いない」とか「あいつの言うことだから聞いてやろう」という関係を築くことが大事です。人間関係の根本にあるのは、いつの時代も、どんな国でも、「信頼」なのです。

最近では留学経験のある人も少なくありません。語学に自信のある人も中にはいるでしょう。しかし英語が話せるからといって、それが「国際人」だと思ったら大間違いです。

外国で働くなら、その国の言葉ができることは最低限必要ですが、言葉を勉強すると同時に、文化を学び、コミュニケーションの中でその国の人々の喜怒哀楽《きどあいらく》や感性というものを学んでいくことが大切です。

もっともこれは、自分が日本人として、日本の文化や感性を身につけていないと成立しません。文化や感性とは、教養と言い換えてもいいでしょう。ただ単に「英語が話せる」とか「中国語が話せる」というだけではダメなのです。

さらに、その国のため、その国の人々のために働くという意識を持つことが大事です。「会社の利益」だけを考えていたら、長い目で見た場合、相手に受け入れてもらうことはできません。

嘘をつかないのはもちろんですが、その国の繁栄《はんえい》のため、社会のため、人々のためになる仕事をすれば、喜んでもらえるのです。そうして信頼されればさらに良い仕事ができる。そういう人間を「国際人」と呼ぶのです。

隣の人と競争したってしょうがない

伊藤忠商事では、入社してから四年ぐらいの間に、総合職全員を海外に研修に出しています。期間は約四カ月から、長い人では他の研修と組み合わせて二年になります。アメリカだけではありません。英語が既に一定レベル以上であれば、中国やヨーロッパ等に派遣するケースもあります。語学の習得以上に期待しているのは、外の風にあたってものの見方も変わってくることです。それが狙いです。

最近の若者は内にこもりがちです。限られた友人としかつき合わない。あるいは海外旅行も昔に比べれば気軽に出かけられるようになりましたが、パックツアーでは、現地の人とコミュニケーションを図《はか》る機会がほとんどない。自信がないのか恥ずかしがり屋なのか知りませんが、そんな内向き志向の人が多いように思います。

もっと世界の若者の意欲や根性といったものに触れなければいけません。国内の隣の人と競争しているようじゃダメなんです。

大学時代の友人と給料の多寡《たか》を競い合って何の意味があるのか。そんなものはコップの中の争いに過ぎません。外に目を向ければ、そこには大海原《おおうなばら》が広がっています。そこで勝負しなければならないのです。伊藤忠商事が行っている海外研修は、自分の知らない世界、すなわち大海原があることを知るためのものというわけです。

MBA（Master of Business Administration＝経営学修士）を取得するために、二年間、海外に出る人もいます。若手社員の中から優秀な人を選抜するのですが、語学力だとかいろいろある選抜の基準の中で、一番重視しているのは「人間力」です。生きる力の強さです。

生きるといっても、ただ身体が頑健《がんけん》だといった意味ではありません。たとえばどんなに叩かれても這い上がる力を持っているとか、非常にエネルギッシュで情熱を持っているとか、そういうことです。勉強ができる云々《うんぬん》より、じつはそういうことのほうがずっと大事だと私は思っています。私が伊藤忠商事の経営者の後継として二〇〇四年に小林《こばやし》栄三《えいぞう》社長（現・会長）を指名したのも、そうした「人間力」があるからです。

しかし最近では、MBAに行く若者が減ってきています。これはインセンティブ（目標を達成したときなどに与えられる、報酬などの動機付け）が用意されていないことも大きいのではないでしょうか。私は、これは経営者が再考すべきものだと思っています。

アメリカでは、MBAを取得すると、それだけでもう給料がドンと上がります。しかし日本の多くの企業では、MBAを取得した社員に何らかのインセンティブを与えているわけではありません。それなりの努力をしてきたわけですから、会社は何らかの形で報いなければいけないでしょう。

伊藤忠商事では会社からMBAに行かせていますが、しかし本当は自費で行ったほうがいいのではないかと私は思っています。本と一緒で、自分が買ったものなら、多少忙しくても読もうと思うものです。私なんかケチだからなおさらです。人様からいただいたものは、ありがたいとは思うけれど、いつでも読めると思って「積ん読（ツンドク）」になっているケースのほうが多い。だから、会社のお金で行くより自分のお金で行ったほうが、よほど真剣に取り組めるのではないかと思うのです。

私は、日本の大学院でMBA取得を目指す学生に講義をすることがありますが、ほとんどの人が自費で来ています。彼らは仕事を終えた後の夜間の時間や、土日などの休日に大学院の授業を受けています。いつご飯を食べているんだろうと思うくらい、皆、真面目で熱心です。

MBAに限らず、何でもそうかもしれません。本当にそれを目指そうと思うなら、自分の懐《ふところ》を痛めたほうがいいでしょう。

いずれにしても、日本の若者は、世界の若者に伍《ご》して闘うくらいの気力がなければいけません。会社の同期の中で一番だ二番だなどと言っていても、意味のないことです。世界にはもっと気力のある優秀な人材がゴロゴロいるのですから、そうした人と研鑽《けんさん》し合ってこそ自分の成長につながるのです。

また成長ということで言うなら、一流に触れることも大事です。海外のMBAに行くなら、一流の大学で、一流の教授に教わるべきです。

あるいは、多少出世してお金に余裕ができたら、一流のシェフの食事を味わってみるのもいい。そんなにしょっちゅうだとお金がなくなりますから、たまに行く程度で十分ですが、一流に触れることには大きな意味があります。料理だけでなく、一流の芸術に触れるのもいいでしょう。

一流に触れて、心から「素晴らしい」と感銘を受けるかもしれません。あるいは「なんだ、この程度か」と思うかもしれません。どちらにしても、一流を知ることは、心の肥《こ》やしになることと思います。内にこもって隣の人や自分の身近なことばかり気にしていたら、人間も小さくなってしまうのです。

エリート＝人の喜びを自分の喜びにできる人

エリートなき国は滅びる。これは私の持論です。エリートというと、なんだか実力もないのに高い地位について偉そうにしている、そんな鼻もちならないやつを思い浮かべるかもしれません。

しかし私の言うエリートは違います。本当のエリート、あるいはリーダーというのは、人の喜びを自分の喜びにできる人のことです。そう思えない人は、エリートやリーダーを目指さないほうがいい。またその必要もありません。

私はときどき、「どうすれば会社で出世できますか?」と若い人から聞かれることがあります。残念ながら、その答えはありません。仮に私が具体的な事項をいくつか挙げて「これをやりなさい」と言っても、それはプラシーボ(薬理《やくり》作用のない薬、偽薬《ぎやく》)でしかないのです。決してパナシーア(万能薬)にはなり得ません。

メーテルリンクの『青い鳥』という戯曲《ぎきょく》があります。チルチルとミチルは長い旅の末に、自分の家で探していた青い鳥を見つけるのですが、これは、求めるもの(幸福)は身近なところにあるというメッセージでしょう。

したがって出世することが「青い鳥」なら、それを探し回っているうちは見つからないということです。求めれば求めるほど遠のいていく。求めなくなったとき、それは手に入るのです。

求めないとはどういうことかというと、自分の栄達《えいたつ》や成功を目的に働くのではなく、多くの人と幸せや感動を共有できる人間となる、そのために働くということです。

そういう心持ちで働いていると、両親や家族、周りの人はいっそうあなたに期待します。あなたはますます自分の心に偽りなく仕事する。その「一生懸命」を続けていると、自負心が底力となり、必ず良い結果がついてくるのです。

したがって、「青い鳥」は自分の足元にあるといってもいいでしょう。すなわち、自分自身の日ごろの態度です。きちんと足元を見つめ、自分の価値観を持って、本当に会社のために身体を投げ出して取り組む。そういう姿勢です。

それがあれば、地位もお金も自然についてくるものです。最初からお金のために仕事をするのでは順序が逆です。そういう人ばかりでは、その会社が長期に繁栄するのは難しいでしょうし、また社会人としてのあなた自身も信頼されないでしょう。

先にも少し触れましたが、私のモットーは「清く正しく美しく」です。商社というと、何だかよくわからないけど胡散臭《うさんくさ》い仕事をしていると感じる人もいるかもしれません。

しかし私は、社長時代、一切の不正を許しませんでした。どれだけ儲かる話であっても、少しでも法に触れるだとか、誰かを陥《おとしい》れるなどといったことがあれば、その案件は却下しました。

たとえ五〇〇億円の利益が上がるプロジェクトであっても、清く正しく美しいものでなければ、伊藤忠の信頼はいずれ地に落ちることになるからです。それはたとえば五〇〇億円などという金額では測《はか》ることのできない損失となるのです。ビジネスだけでなく世の中にはお金では買えないものがあるのです。それは人の「心」と「信用」です。

自分の心にやましいところがあってはいけません。曲がったことをやってはいけません。一時的に名誉やお金を得たりしても、生涯にわたって悔《く》いを残すことになるでしょう。

私が生涯に一度だけ、「偉くなりたい」と思ったとき

偉くなりたいと思う人は、自分の良心に照らして恥じることがないか、恥を曝《さら》してまで偉くなりたいか、そこのところを考えてみてほしいと思います。品格を持って生きることです。

もっとも私は、生涯に一度だけ「偉くなりたい」と思ったことがあります。まだヒラの取締役だったときのことです。会議で自分の意見が正しいと思って発言しても、「ヒラの取締役の分際で何を言うか」「お前に言われる筋合いはない」などと代表権を持つ人たちに言われてしまいました。私もはっきりとものを言うタイプですから、生意気だと思われていたのでしょう。

しかし「筋合いがない」というのもおかしな話で、問題は「筋合い」があるかどうかよりも、何が正しいかということです。それなのに代表権がないというだけで私の発言は黙殺《もくさつ》されてしまう。「今に見ておれ」と、このとき初めて、偉くならなければダメだと感じました。自分のためではありません。自分が正しいと思う発言を通すために、代表権を持つ常務にならなければ、と感じたのです。後にも先にも、偉くなりたいと思ったのはこのときだけです。

エリートだとかリーダーというのは、それが目的になっているうちは本物ではないし、嫌なやつでしかありません。部下の喜びを自分のこと以上に喜べるかどうか。もちろん最初からそんな神様みたいな人はいないでしょうが、少なくともそうした気持ちを持たなければいけないということです。

私だって、そりゃあ自分が大事。赤の他人よりは、家族のほうが大事です。しかし会社のトップという立場で社員のことを考えたとき、彼らの喜びが自分の喜びより勝るものなのです。また、そうでなければなりません。

たとえば自分が競馬に当たったとか、パチンコでジャラジャラ出たときの喜びよりも、ちょっと品格のある喜びといったらいいでしょうか。深くて豊かな喜びです。また、それがエリートやリーダーと呼ばれる人の至福のときでもあるのです。自分の給料が上がったとか社長になったとか、そんなレベルの話ではない。

そういう境地に達したとき、初めて、知らず知らずのうちに「青い鳥」を得たことになるのだと思います。

「不本意な異動」なんてない

長いこと会社人生を送っていると、ときには自分が希望しない「不本意な異動」というものに見舞われます。でも、私の信条は、「人は仕事で磨かれる」です。

つらい仕事ほど人を成長させるものです。したがって、誰もやりたがらない厳しい部署への異動は、逆に喜ぶべきだと思っています。お金をもらってつらい仕事を経験させてもらえるというのは、むしろ天恵《てんけい》と言ってもいい。

組織の論理として、能力のない人間に厳しい仕事をさせることはありません。能力があるからこそ、つらい仕事をさせるのです。うまくいっていない部署に「立て直してこい」と送り込む。

したがって、若いときに赤字の部署や子会社に送られたなら、「俺はついてない」とか「俺は必要とされていない」「左遷《させん》じゃないか」などと考えるのではなく、それを好機として捉《とら》えるべきです。人事異動の喜怒哀楽など、情報不足や勝手な思い込みだけで、実際はどこに行ってもチャンスはあります。

宮大工の小川三夫《おがわみつお》氏は、石や岩の間から芽が出て、風雪に耐えて大きくなった木が、何百年ももつ頑丈《がんじょう》な大木になるのだと言っています。温室で育ったような木はフニャフニャで、すぐに倒れたり腐ったりする。

人間も同じです。風雪に耐えて、苦しい中から芽を伸ばしていく。この力は、実際にそういう環境にいなければ育ちません。

また、厳しい職場でつらい体験をすると、弱い人の立場がわかるようにもなります。どん底にある部署ならなお結構。失うものは何もないのだから、あとは前進あるのみです。

私が入社した当時、希望したのは鉄鋼部門でした。当時は「鉄は国家なり」の時代でしたから、言ってみれば花形の部署だったのです。ところが配属されたのは、聞いたこともない油脂部。配属先の課長に、「うちの部署は、日本で最も大豆の輸入金額が大きいんだ」と得意げに言われてもピンとこないし、半信半疑《はんしんはんぎ》でいました。

それが結局、振り返ってみると、米国駐在期間も含めて食料畑一筋です。大豆は、食料としてだけではなく、搾油《さくゆ》や家畜飼料としての需要もあります。まだ小さかった娘には、「お父さんはタイムズスクエアで『鬼は外』の炒《い》り豆《まめ》を売っているの?」と言われましたが、当時、伊藤忠は世界でも一、二を争うシェアを占めていましたから、私はプライドを持って仕事をしていました。

どんな仕事でも、真剣に向き合うと、奥が深いものです。私は取引先の方々にも恵まれて、若い頃は、早朝から豆腐屋さんに行って豆腐や油揚げの作り方を勉強させてもらったり、問屋さんに豆の見分け方を教えてもらったりしていました。そのうち、これは南方系の豆だとか、あっちは中国の豆だとか、一目見ただけで判別できるようになりました。

入社当時に希望した鉄鋼部門は、今は元気いっぱいです。しかし一時長い不況が続き、栄枯盛衰《えいこせいすい》を味わった社員も多かったはずです。こうしたケースはたくさんあります。入社してから定年になるまで、ずっと調子がいい会社や部署などというのは少ない。入社したときはものすごく立派な会社だったけど、四〇年経ったら落ちぶれていたり、あるいは入社当時は名もない小さな会社だったけど、発展を続けて定年の頃には立派な会社になっている。そういうものです。

どちらに転ぶかはわかりません。ただ少なくとも、北風に向かって歩くことをしなければ、人間は強くなれません。最初から順風満帆《じゅんぷうまんぱん》な会社に入ったって、自分のためにはならないのです。環境に甘んじて傲慢になりかけたのなら、そういうときこそ「しまった」と思うべきです。

赤字の部署に異動になっても、神ならぬ人間には難しいことですが、ブスッとした顔をしないで、「一生懸命やります」と明るく言う。どんな部署でも、おのおの存在意義があり、社会の役に立っています。それを地味だからとか赤字だから「左遷」だなんて、決めつけるべきではないでしょう。やりがいのある仕事になるかどうかは、自分の仕事の取り組み方次第です。

転職を考える前にやるべきこと

若者は、大学時代に会社研究というのをやって、それで会社がわかったような気になっているかもしれません。入口にほんの少し入っただけで、「あの会社がいい」「いや、こっちの会社に入りたい」などと言っている。それはほんの入口に過ぎないということに気がつきません。だから、希望の会社に入れないとなると、それで人生終わりのような顔をしている。

とんでもないことです。自分の人生がここで決まってしまうというより、入社した会社で自分を鍛えるんだ、というぐらいの気持ちでなければいけません。

自分で何かを学ぼうと鍛錬する人は、たとえその会社をクビになっても、いつでも誰からでも、引く手あまたになるはずです。したがって、どんな会社に入っても、「あれはいい人材だ」「こいつはデキるぞ」と思われるような人間になることを目指さないといけません。

私は、社会人になってしばらくしてから、そう思うようになりました。入社してすぐは転職を考えたものですが、まずはこの職場でがむしゃらに働こうと考え直しました。業界で名が知れ渡るほどの人間になれば、いつクビになったって自立していけます。「丹羽さんにはウチでぜひ働いてもらいたい」と言ってもらえるようになればいい。よし、それまではここで一生懸命がんばろう、と。

新入社員にもよく言うのですが、それぐらいまでになったら、いつでも伊藤忠を辞めていい。何も死ぬまでいる必要はないのです。伊藤忠という会社で人間を磨いて、成長した姿を、伊藤忠の社員ではない形で社会に見せてくれたっていい。「さすが伊藤忠にいた人だね」と言われるようになってもらいたいのです。それが我が社にとっての喜びです。これはすなわち、伊藤忠という会社を踏み台にして、勉強しろということです。

中には伊藤忠商事は大企業だから、この会社に入れば安泰《あんたい》だと思っている人もいるかもしれません。しかし、そういう人には伊藤忠に来てもらいたくはないし、入社したところでたいした役には立ちません。

もっともどんな思いで入社しようとも、他の会社に入るより、伊藤忠に入ったほうが仕事で厳しく磨かれるでしょう。我が社には北風に向かって歩くような、苦しい仕事が多いからです。あんまり順風満帆な会社に入ったら、いつも常夏《とこなつ》のリゾートにいるようなものです。リゾートでのんびり過ごすのは、たまにだからいいのであって、いつも居心地のよい会社にいては仕事で成長するのはなかなか難しい。

会社、業界は自分の「性分《しょうぶん》」で選ぶ

転職を考える前に仕事で自分を成長させるべき、と言ってもどうしてもこの会社は私に合わない、という人もいることでしょう。入口をちょっと見ただけで入社するのだから、失敗もあります。

そうならないためには、企業研究をせっせとやって理屈で選ぶより、好き嫌いの感覚で業種や職種を選んだほうがいいのではないかと私は思います。つまり、何となく好きだなと思える分野を絞《しぼ》れということです。どんなに企業研究をしたところで、実際に社会に出ていないのだから、仕事の内容などわかりはしないのです。乱暴な言い方かもしれませんが、それなら、「自分が何を好むか」を基準にしたほうが、失敗が少なくて済むでしょう。

私の場合、猛烈に忙しいところに入りたいと思っていました。とにかく一心不乱《いっしんふらん》に働けるような会社。私は高校時代、新聞部に入って学校行事の取材をしては一面トップの記事も書いていましたし、大学時代は新聞社でアルバイトをしていましたから、まずはマスコミがいいなと思いました。その次が商社です。何をやるところなのかよく知らないけど、とにかく忙しそうだ。それだけです。

一方で、のんびりと仕事をするような役所とか、落ち着いたイメージの銀行や保険会社は性に合わないと思っていました。

第一、毎日キレイなスーツを着て出社し、静かな場所で机に向かって仕事するなんて、私には考えられないことでした。私は伊藤忠に入ってからも、しばらくはスーツは一着しかなかったし、ネクタイも数えるほどしかありませんでした。とりわけ独身寮にいたときは本当に汚い生活をしていたんです。

週末、洗濯機を回したまま飲みに出かけて、つい忘れてしまう。靴下がないから、表をはいたら翌日は裏返しにしてはく。それでも足りないから今度は同室の先輩と融通《ゆうずう》し合ってはく。もともとそういう性格なのです。ですから、いつも完璧に身だしなみを整えなくてはいけないようなところに入っていたら、私は途中で辞めていたかもしれません。多少汚い格好をしていても誰も気にせず、むしろ毎日あちこち飛び回るような猛烈な忙しさが気に入っていたのです。

もちろんこれは、商社が良くて銀行がダメと言っているのではなく、私がそういう性分だということです。

中にはまったく逆の人もいるでしょう。毎日慌ただしく過ごすよりも、きちんとした格好で落ち着いた職場で働きたい。それはそれで結構なことだと思います。あるいは、きれいな女性がたくさんいる職場で働きたい。くだらない理由ですが、こういうことでもいいでしょう。

私の場合、母親は役人になってほしかったようですが、私自身は商社で良かったと思っています。もし役人になっていたら、それこそうつ病になるか、早々に辞めていたでしょう。

ですから、どうしても合わないと思うのなら、さっさと転職すればいい。これは性分なのですから仕方がない。しかし、ほんの数カ月、数年で会社のことをわかったつもりになっていないか。そのことをよく考える必要があります。

川上哲治さんの教え――DNAのランプを灯《とも》すには

人間の能力には、ほとんど差がないと私は思っています。よく「自分はこの仕事には向いていない」といった言葉を耳にしますが、私からすれば決してそんなことはありません。人は皆、何事でもできる能力を備えているのです。ただ、気分がのらないとか、その気になるかならないかの違いだけです。

たとえば「私は新聞記者を目指したいのだけど、文章が上手ではないから向いていないのではないか」とか、「私は営業をやってみたいけど、人見知りするから向いていないのではないか」などといった具合に、多くの若い人は考えるようです。取り組む前から、能力がないかどうかを問題にして、「あれはダメ」「これもダメ」と選択肢を狭《せば》めてしまう。じつにもったいないことです。

もちろん、目指した分野でどこまで上達するかは、適性の部分が大きいでしょう。しかし、ある程度のレベルまでは、自分の努力次第といっていい。それ以上のレベル、たとえばイチロー選手のようになろうと思ったら、よほど適性がないと難しいかもしれません。

でも、イチロー選手のようになれないから諦《あきら》めるのか。私は、それは違うと思います。「適性のない人」は、営々《えいえい》と努力してようやく、わずかな努力でも成し遂げられる「適性のある人」に近づくというだけのことです。営々と努力を続けていたら、いつか才能を開花させるときが来る。私の言葉で言えば、DNAのランプがポッとつくのです。DNAのランプというのは、誰もが持っている才能をイメージした言葉で、そのランプが灯る、つまり才能が花開くかどうかは努力次第というわけで、向いているからやる、向いていないからやらない、ということではないのです。

このDNAのランプは、いつ灯るかわかりません。一〇年後かもしれないし、明日かもしれない。あるいは数時間後かもしれません。ただ一つ言えるのは、諦めたらそこで終わりだということです。もう一生、ランプが灯ることはない。だからこそ一生懸命に努力を続けるしかないのです。

では、どれだけ努力を続けたらDNAのランプがつくのか。残念ながら、その答えはありません。しかし私の考えを言えば、努力を努力と思わないようになるまで、です。

先にも述べた元巨人軍監督の川上哲治さんは、現役時代、「打撃の神様」と言われていました。彼は、一時間に三〇〇球をひたすら打ち続ける練習を決して欠かさなかったといいます。大変な努力家で、基本を疎《おろそ》かにはしませんでした。監督時代は、V9を達成し、巨人軍の黄金時代を築き上げた人でもあります。

私は彼と親しくなり、いろいろと話を聞いたのですが、このとき川上さんは、練習には三段階あると言っていました。

第一段階は、基本練習をとことんやるということです。ヘトヘトに疲れて倒れるまでやるのだそうです。

もっともプロと言われる人たちは、誰でもこのくらいのことはやっているでしょう。彼のすごいところは、こうして疲れて倒れても、まだ練習を続けるということです。これが第二段階です。

それをさらに続けるとどうなるか。疲れを超越して、無我《むが》の境地《きょうち》に至るそうです。「三昧境《さんまいきょう》」というもので、我を忘れるのです。この第三段階までいくと、川上さんの場合、バッターボックスに立ったらボールが止まって見えたそうです。

周りの人は皆、彼を天才だとか神様だとか言うかもしれません。けれど、当の本人は、誰にも負けないくらい、とことんまで努力しているのです。だからこそ、DNAのランプがつくのです。

努力を努力と思わなくなる近道

努力を努力と思わないようになるには、それを好きになることが近道だと私は思います。川上哲治さんにしても王貞治《おうさだはる》さんにしても、あるいは石川遼《いしかわりょう》君にしても、彼らは最初のうちは自分を叱咤《しった》激励《げきれい》して努力を続けていたかもしれませんが、ある段階からそれを脱却しているはずです。

彼らにとってみれば、それが好きだから続けてこられたのです。仕事というより、人生そのものと言ってもいいかもしれません。傍《はた》から見ると、朝起きてすぐにトレーニングを始めたりして、「すごいな」と思うようなことでも、本人はそれを除いて自分の人生はないと思っているのですから、当たり前になってしまっている。もはや努力ではないのです。

そういう時期が、サラリーマンにも必要でしょう。そのときはおそらく、DNAのランプがついているときです。言い換えると、いやいや仕事をしていたり、人に言われたことだけをこなせばいいやと思っていたりしたら、永遠にランプはつきません。したがって、まず自分の仕事を好きになることです。知らないうちに仕事に没頭している。あるいはこれ以外に自分の仕事はないんだと感じると、苦労は苦労でなくなります。それが大事なのです。

先ほどの「青い鳥」の話ではありませんが、最初からDNAのランプを灯そうとしてやっていると、永遠にそれは手に入りません。向いているかどうかわからないけど、好きなことだからやる。そうすれば努力は努力でなくなる可能性は高いし、そのぶんだけ、DNAのランプも早くつくようになるでしょう。自分がどれほどのレベルまで到達できるかは、自分の努力次第です。

人間の底力=労働×時間

人は褒められれば嬉しいものです。ますますがんばろうという意欲もわいてくる。これは人間の自然な感情でしょう。しかし気をつけなければいけないのは、「何のために仕事をしているのか」ということです。

自分が褒められるため？

周りから認めてもらうため？

こんなことのために仕事をしていたら、褒められるために上司にゴマをすり、周りに対するアピールだけがうまい、つまらない人間になってしまいかねません。

人間にはさまざまな可能性が秘められているのに、自分一人の優越感のために働くことは、人間を小さくしてしまう。もったいないことです。

私はつねづね、「人は仕事で磨かれる」と思っています。がむしゃらに、それこそアリのように働いていると、その経験が自分の血となり肉となるのです。すると、「俺は絶対に負けないぞ」という自負心が生まれてきます。この自負心が、仕事における人間の「底力」となるのです。

底力をつくるのは、「労働×時間」です。たかだか三〇分や一時間、苦労したところで、自信にはつながりません。もっと長期的に、苦しくても仕事を「何くそ」と思って歯を食いしばりながら続けていくことに意味があるのです。

私はこれを、米国駐在時代に味わいました。当時の私は、日本はもとより、ノルウェーやデンマーク、ドイツ、オランダなど世界各国を相手に大豆の取引をしていました。ヨーロッパとは六、七時間の時差がありますから、早朝から仕事の電話で起こされます。向こうは昼でもこちらは早朝です。だから職場に行く前に家で一仕事を終えます。そうこうするうちにシカゴの穀物《こくもつ》取引所がオープンし、夜は夜で日本を相手にした仕事をします。私は、アメリカ大豆の輸出入を一手に引き受けていたのです。

そんな状態で、ひとときも気持ちの休まることはありません。猛烈に働きました。また、土日も出勤していましたから、東京の本社では「あいつは身体を壊すんじゃないか」と心配したようです。そのうち日本から若いスタッフをアシスタントとして送ってくれましたので、今度はその若いのをこき使いました。

このときの経験から、私は自分の仕事に自信を持つようになりました。「俺はこれだけのことをやったんだ」という自負心です。「俺の代わりにやれるものならやってみろ」という気持ちでいたのです。

ただ、それを周りに吹聴《ふいちょう》したりはしません。そんなものはただの自慢したがり屋で、自負心とは言いません。内に秘めた自信を自負心と言うのです。

人は何のために働くのか

こうした自負心があれば、その後どんな逆境に遭遇《そうぐう》しても、「俺はやれる」という力がわいてくるわけです。それが人間の「底力」です。最初から自分に負けていたのでは話になりません。

人間は、苦労を重ね、やっと何らかの成果を出すことができるようになります。すると喜びも大きいものになる。谷深ければ山高し。深い谷間で必死にもがき続けていた人は、山の頂に登ったときの感激も大きくなるのです。

スポーツだってそうでしょう。最初からトントン拍子《びょうし》にいって優勝したって、それほどの感激はありません。苦労して苦労して勝ち上がるからこそ、トップに立ったときの喜びが大きくなる。だから人間は一生懸命に努力をするのです。

また、大きな仕事であればあるほど、苦難に直面するし、リスクも高い。しかしそれを乗り越えたときの喜びも、やっぱり大きいものです。こう言っては何ですが、アリのように働いているときの喜びなんて、たかが知れているのです。しかしこの期間を経《へ》なければ、大きな仕事を任されることもないし、大きな喜びを得ることはできません。

そして、涙が出るほど大きな喜びを得たら、それを皆で分かち合うことです。それは自分一人の手柄などではありません。

何のために働くか。自己実現だとかもっともらしいことを言う人もいますが、もっと根本的なことがあります。それは、自分を磨くためです。そして皆と喜びを分かち合うためです。

さらに付け加えると、自分の周りにいる人のため。働くとは、「傍（ハタ）」を「楽（ラク）」にすることです。最初は自分を磨くことだけでいいかもしれない。しかし苦労して「底力」がついたら、自分のことだけではなく、親兄弟や部下のこと、あるいは地域とか国家、そういう自分以外のことに目を向けてみることです。

私のいう国難だって、「俺は関係ないよ」では済まされないのです。「底力」のついた若者なら、きっと世の中を良い方向に変えていくことができます。

第2章

本は仕事と人生を深くする

――人は読書で磨かれる

「空《あ》いた時間」などない

昨今の不況で、会社は残業を減らして人件費を抑えています。ところが社員の中には、残業せずに早めに帰宅すると、何をしたらいいかわからず、戸惑っている人が多いと聞きます。しかし私に言わせれば、働き盛りの人に「空いた時間」があること自体がおかしいのです。これは新入社員でも同じです。

もし私に空いた時間ができたら、仕事についてじっくり勉強する時間をもらったと思って喜びます。たとえばその時間に取引先や担当する仕事の「現場」を回ることもできる。資料をできるだけ読み込んで理解を深めることもできる。実践と学習をアウフヘーベン（止揚《しよう》）するというわけです。

人と同じことをやっていても、人と同じにしかなりません。広報の仕事をしているなら「日本一の広報マン」を目指し、広報と名のつく本を片っ端《かたぱし》から読んでみてもいいでしょう。営業の仕事なら、社外の研修を受けたりして自分のクオリティを高めてもいいし、心理学に関する勉強をして、そこから独自の営業ノウハウを培ってもいいでしょう。

突然できた自由な時間は、人と同じにならないために勉強する絶好のチャンスなのです。

また最近の新聞記事によると、三〇代の四人に一人が、「忙しい」を理由に月に一冊も本を読まないのだそうです。二〇代で読書をしない人の割合は、おそらくもっと多いのではないでしょうか。本を読むより、携帯電話をいじったりゲームをやったりしている時間のほうが長いのではないかと思います。

これはじつにもったいないことです。読書は、私たちにたくさんのことを教えてくれます。想像力、論理的思考、大きな喜びや感動、世間の常識、世の中を洞察する力、自分では得られない経験に基づく見識……。これらは後述しますが、いずれにしても人生を豊かにしてくれます。

私はずっと読書を続けてきました。新入社員のときは、給料のほとんどが飲み代と本代で消えました。また、部課長時代、仕事はずいぶん忙しかったのですが、睡眠時間を削ったり、往復二時間ほどの電車通勤の時間を使ったりして、読書をする時間は必ず作り出しました。経済社会関係の本を中心に、雑誌や週刊誌を除いても年間一五〇冊は読んでいたのです。

ところが、読書のしすぎで軽い乱視になってしまいました。医者から車内読書を止められて、仕方なく英会話のリスニングに切り替えましたが、これも耳にあまり良くないらしく、最近はまた読書に戻しています。多少乱視になっても、通勤途中の貴重な時間を無駄に過ごすわけにはいきません。

働き盛りの人は、細かいことを気にせず、どんどん本を読むことです。人は仕事で磨かれるものですが、読書によっても磨かれます。空いた時間があるなら、とにかく何でもいい、興味のある本を手に取ってみてほしいと思います。

血肉《けつにく》となる本は人それぞれ

私が「本を読め」と言うと、必ず「どんな本を読めばいいのですか」と質問されます。しかしこれは、人それぞれ、という以外にありません。笑いのツボが人によって違うように、感動するものも人によって異なります。また、その人の年齢や置かれた環境によっても心に響くものが違ってくるでしょう。「この本を読めば必ず感動する」というものはないのです。

私の場合、小さいときは野口英世《のぐちひでよ》やシュバイツァー、アインシュタインなど、偉人の伝記をよく読んでいました。また『日本文学全集』とか『世界文学全集』も読みました。とりわけ当時の私が涙して読んだのは下村湖人《こじん》の『次郎物語』や山本有三《ゆうぞう》の『路傍の石』です。これは自分の境遇に似ていたところがあったからでしょう。

私は五人兄妹なのですが、三人の男兄弟のうち二番目。名古屋郊外の田舎の出身ですから、何といっても長男が大事にされます。洋服なんて、お古ばかりです。長男が着て、ほつれたところを繕《つくろ》って着るんです。三男坊はどうかというと、私が着たらもうボロボロになってしまうから新品です。いつも私ばかりがお古を着させられていた。

今となってはどうということもない話ですが、子供心にやりきれない思いがあったのでしょう。『次郎物語』を読んだときには、「次郎、お前もいつもお古か」と涙が出てきました。

参考までに、私の読書歴を、大雑把《おおざっぱ》ですが述べておきましょう。

大学時代は、ロマン・ロランの『魅せられたる魂』や『ジャン・クリストフ』、倉田百三《ひゃくぞう》の『出家とその弟子』、マハトマ・ガンジーの『ガンジー自伝』、福沢諭吉の『学問のすゝめ』といったものを読んでいました。

とくに印象に残ったのは、E・H・カーの『ソビエト革命史』です。これはソビエトの歴史書のようなものです。あるいはデイヴィッド・ハルバースタムの『メディアの権力』、これは米国駐在時代だったかもしれません。

三〇代になると、「ローマクラブ」というローマで結成された民間のシンクタンクが発表した『成長の限界』『転機に立つ人間社会』『国際秩序の再編成』『浪費の時代を超えて』といったものに食指《しょくし》が動きました。その後はオルテガ・イ・ガセットの『大衆の反逆』、オスヴァルト・シュペングラーの『西洋の没落』などに目を通しました。

さらに年齢を重ねていくと、ジェフリー・サックスの『貧困の終焉』、キース・ジェンキンズの『歴史を考えなおす』、あるいはトルストイの『人生論』、モンテーニュの『エセー（随想録）』などを読みました。

ほかにもいろいろありますが、思いつくままに列記してみると、こんな具合です。最近では中国関係の本を読んだりもしています。ちなみに小説は学生時代にさんざん読んだので、卒業しました。今では「芥川賞」を受賞した作品を参考程度に読むくらいです。

また、序章でも述べましたが、アダム・スミスの『国富論』は、若いときに読んだ印象と今とでは、心に刻まれるものが違ってきます。「国難のときの愚策は、国を滅ぼす」などという文言は、学生の頃なら読み飛ばしている箇所かもしれません。国政に関心を抱いている今だからこそ、そういう文章に目が行くのです。

トルストイの『人生論』にしても、非常に難解な本です。人生を考える上で大きな示唆を与えてくれる深遠な内容ですが、しかしこれを学生時代に読んでも、なかなか理解が進まなかったかもしれません。だから私と同じものを読めばいいかというと、決してそういうわけではありません。

ことほどさように、人によっても年代によっても受ける印象が異なってくるのですから、まさに人それぞれ。「これを読めばよろしい」という明快な答えはありません。したがって、自分の血肉となる本は、自分で探すよりほかにないのです。読書で「近道」をしようなどと思ってはいけません。

読書のポイントは「濫読《らんどく》」と「精読」

私の経験から言えば、読書のポイントは、「濫読」と「精読」です。もちろん濫読だけではダメです。すべてをパラパラとめくっただけで終わりにしてしまうと血肉にも何にもなりません。しかし一方で、じっくり読もうとしても時間ばかりかかってしまいます。

ショーペンハウエルの『読書論』には、「娯楽のための読書は雑草を育てているようなものだ」と書かれています。自分の中に、太い幹《みき》を育てるような読書をしなければならない。いくら雑草を育てたって仕方がないだろうというわけです。確かに、ただ読むだけならこんな楽なことはありません。

彼はまた、「読書とは他人にものを考えてもらうことである」とも言っています。他人に問題提起をしてもらっているからです。しかし他人に答えを教えてもらうということでは駄目で、それはじつに容易《たやす》いことだからです。したがって、雑草を育てるのは時間と金とエネルギーの無駄だ、というわけです。

なるほど一理ありますが、私は最近、それは違うのではないかと思っています。雑草と考えるからそういう結論になる。しかし娯楽だろうが何だろうが、濫読していく中で、それが太い幹を作るきっかけになったり、その幹を支える根っこになったりする可能性があるんじゃないかと思います。濫読で幅広いジャンルの本を読むと同時に、「これは」と思うものは精読すればいいのです。

そもそも「読書をしなさい」「読書は大切だ」と口をすっぱくして言ったところで、読書の楽しみを知らない人には何の意味も成さないでしょう。「だから何だ」と言われて終わりです。

それよりも、最初はとにかく自分の興味や関心のあるものを選んでページをめくってみればいい。眠くなったら、それは本の出来が悪いか、自分の関心事ではなかったということです。そうなったら、また違う本を読んでみればいいのです。

最初からトルストイの『人生論』を読んだって、挫折《ざせつ》するだけです。これによって読書が苦痛だと感じてしまったら元も子もない。ですから、最初は漫画だっていいと思います。くだらないものは論外ですが、ある程度のレベルの漫画なら、「そこから読書をするようになりました」と言ったって少しも恥ずかしいことではありません。

私も、入社したばかりの頃は『月刊漫画ガロ』に連載されていた『カムイ伝』などもよく読んでいました。血湧《ちわ》き肉躍《にくおど》る。そのことが大事なのです。

私の場合、濫読は一冊一時間もかかりません。まずは目次や帯などを見て、だいたいどんなことが書いてあるのかを把握する。

その後、ページをパッ、パッとめくっていくんです。すると単語が目に飛び込んできます。本能的に引っ掛かった単語の箇所は、手を止め、文章を読んでみる。「くだらない」と思ったら、また手を動かす。「いい文章だな」と思えば、そこに線を引く。その繰り返しです。

そして、これは大変にいい本だと思うと、あらためて最初から、それこそ隅《すみ》から隅まできちんと読むわけです。だから私の本は古本屋には持っていけません。あちこちに線が引いてあり、場合によっては「○」とか「×」とか書き込んでいるからです。実家が本屋を営んでいたこともあり、私は小さい頃から店の売り物の本を、汚すことなく素早くきれいに読むのが天才的にうまかったのですが、汚くしながら読むのも天才的なのです。

こうした具合にともかく濫読をしていけば、精読に値《あたい》する本に出会える可能性も高くなります。ショーペンハウエルのいう「雑草」だって、太い幹を育てるための地ならしと思えば決して無駄ではありません。

一日三〇分の読書を続けてみよ

読書を太い幹に育てていくためには、まず習慣づける必要があります。私たちは毎日、食事をするでしょう。それは身体に栄養を与えるためです。同じように心にも栄養を与えなければいけません。図体《ずうたい》だけ大きくなって心の栄養が足りなかったら、いつまでも中学生と同じです。

そのため、私は伊藤忠の社員に「一日三〇分、毎日、本を読め」と言っています。しかし、なかなか実践できる人はいません。最初のうちは「よし、やってやろう」と思うかもしれませんが、多くの人は三日と続かないのです。酒を飲んで帰った、風邪をひいて熱がある、蹴つまずいて転んだ、奥さんとケンカした。いろいろと理由はあるでしょう。しかし一日読まなければ、明日もいいや、というふうになってしまいます。

私は酒を飲んだ後でも、必ず読書をしています。もともと酒には強いタチで、それほど酔っ払わないこともあるのですが、しかしそれなりに飲む。出張に行っても一緒に行った社員たちは新幹線の中で皆、うたた寝していますが、私は最後まで本を読んでいます。「丹羽さん、すごいですね」と言われますが、こんなものはすごくも何ともない。習慣になっているだけです。

一日三〇分は必ず読書をする。これを始めたのは会社に入ってすぐの頃だったと思います。今では寝る前に読むことが多くなっています。というより、本を読まなければ寝られないのです。

私の寝室にはベッドが二つあるのですが、一つは読みかけの本を置くスペースになっています。だいたいその月に読むものが五、六冊は置いてあるという具合です。面白い本だと、つい夜更《よふ》かしをしてしまう。明日も朝が早いからと思って止めても、次の話の展開が気になってかえって眠れなくなってしまうこともあります。完全に活字の虫です。

もちろん興味のある本を読まないと、誰だって寝てしまうでしょう。私だって酔っ払っているときに英語の本などを読んだら眠くなります。ときどきわからない単語が出てきますが、辞書を引くこともしませんから推測しながら読んでいく。すると、酔っ払っているから集中力が続きません。ですから酔っ払ったときには本当にやさしくて興味のある本に絞《しぼ》るようにしています。難しい哲学の本なんか手に取ってはいけません。

いずれにしても、どんなことに興味があるのかということが大事です。好奇心を満たし、夢中になれるような本は何か。最初から堅苦しい本を読もうとしても必ず挫折しますから、自分の気持ちに引っ掛かるものを素直に手にしてみればいいと思います。

若い頃なら、異性に関する本だっていい。私は好奇心が強いから、中学生の頃には、成人向けの『夫婦生活』とか、さらに一段上の『アルス・アマトリア』などを読んでいました。だから相当マセていたと思います。アメリカに行っても、まずそういう本から読みました。すると英語も上達するんです。好奇心があるから一生懸命に読むわけです。そうして読書を習慣づけていけば、年を重ねて哲学や宗教の本に関心を持つようになります。

ところで先日、ヴァン・クライバーン国際ピアノコンクールで優勝した辻井《つじい》伸行《のぶゆき》さんと会う機会がありました。彼は視覚障害がありますが、世界で活躍しているピアニストです。私は彼に、「今日はピアノを一時間も熱演したから疲れたでしょう」と言いました。ところが「全然疲れていません」という返事がかえってきました。「だって楽しいんだもの」と言うのです。なるほどな、と私は大いに納得しました。

読書も「楽しい」と思えば、努力ではない。いやなことをやらなければならないから「努力」というのであって、心から楽しいとか、これをやるのが自然なことだと思えたら、それは努力にはなりません。イチロー選手だって石川遼選手だって猛烈に練習しているはずです。周囲はそれを見て「偉いなあ」と思うかもしれない。けれど本人にとってはそれがもう習慣になっているのだから、やらないと気持ちが悪い。毎朝起きたら歯を磨くのと一緒なのです。

読書もそのぐらいにならないと心の栄養にはなりません。習慣づけるには多少の努力が必要かもしれませんが、本の楽しさを覚えたら、努力は努力ではなくなります。世界で活躍する人たちは、そうやって世界に羽ばたいている。まさに「継続は力なり」でしょう。

「論理的な話し方」は、読書でしか身につかない

私がこれほど読書を勧めるのは、「人は読書で磨かれる」と思っているからです。読書の効用の一つは、論理的思考が養われることです。

先に少し触れたように、私はまず目次をじっくり読むことにしています。著者が何を言おうとしているのか。どういう構成で話を展開させようとしているのか。目次を見ればだいたいのことはわかります。すると大枠が頭の中に入っていますから、読むスピードも速くなります。

もっとも目次の構成で「なるほど」と思うこともあれば、中には何だかよくわからないものもある。こうしたものは論外としても、しかし「なるほど、この著者はこういうことを言おうとしているのだな」ということがわかった上で読み進めていけば、自然とその論理展開が自分の血肉となり、物事を絶えずそういうふうに見ていくことができるようになるというわけです。

もちろん一冊や二冊、読んだくらいでそうはなりません。何冊も読み、それを何年も

続けた結果のことです。「身につく」とはそういうことです。

また、「一体それが何の役に立つのか」と思う人もいるかもしれません。けれど忘れないでほしいのは、読書は食事と一緒だということです。一食分のご飯を食べたところで、それが筋肉になったり脂肪になったりと実感する人はいないでしょう。しかし、しっかり食べ続けているから、気がつくと背が伸び、筋肉がつき、髪の毛や爪が伸びてくる。

読書を続けて論理的思考を養うのも同じで、何の役に立つのかと聞かれれば、人生のあらゆる場面に役立つとしか言いようがありません。

とりわけ仕事には論理的な思考力が求められます。たとえば何かのプロジェクトを任され、それを遂行《すいこう》していくには、取引先や上司を説得しなければならない場面だって出てくるはずです。

そんなとき、ただ「やりたいんです」というだけでは、誰も相手にしてくれません。モゴモゴと何を言いたいのか不明瞭《ふめいりょう》な単語を並べているだけでも相手にされません。なぜやりたいのか。やることでどんなメリットがあるのか。あるいはやらないでいたらどうなるのか。こうしたことを論理的に組み立て、説明する必要があります。論理的思考が育っていないと、物事を論理的に捉《とら》えられず、周囲の人にそれを説明することもできません。

私は、「経営は論理と気合い」だと思っています。多くの社員を引っ張っていくには、「ついてこい」と叫ぶだけではダメです。もちろんそうした気合い、気迫も大事なことですが、それに加えて、きちんと論理的に説明して納得させなければ、人は動きません。

この本の読者の誰もが会社のトップになるわけではないでしょうが、少なくとも自分の考えを論理的に組み立てて話せるようになることは、仕事を進める上で必須《ひっす》の能力です。同世代の友人同士なら、流行《はや》り言葉や感覚で言いたいことがわかるのかもしれませんが、仕事では、社内外の年齢も経験もさまざまな人たちと話をして、理解をし合わないといけません。そのためのツールが「論理」です。慌てて話し方のハウツー本を読んだって、論理的な話し方はすぐには身につきません。

話をすると、相手が本を読んでいるのかどうか、私はだいたいわかります。言葉の選び方しかり、話し方しかり。多少乱暴な言葉遣いであっても、自分の思いを的確に表す言葉を選び、それを順序立てて説明できる能力があれば、言いたいことはしっかり伝わります。繰り返しますが、これは読書でしか培われません。

どんなに立派そうに見える学者だって、あるいは経営者だって同じです。何十年も同じことを研究し続けている学者なら、そりゃあ人より専門用語も知っているし、その分野を語らせたら素晴らしい論理展開を見せるかもしれません。

経営者にしても、自分の会社や業界について、論理立てて話せるのは当たり前です。しかし自分の専門分野や仕事のこと以外となると、一体どんな勉強をしてきたんだと疑問に思うような人もいます。自分の専門以外の話をするだけの論理力がないのです。果たしてそれは人として成熟していると言えるでしょうか。論理的思考は「何に役立つか」という成果や有用性を問う以前に、社会人として常に研鑽《けんさん》を積んで、身につけていくべき能力なのです。

読書は「動物の血」を抑制する

論理的思考が養われれば、自らの言動も論理的に捉えられるようになります。逆に言えば、読書のない人生では一人前の大人として成熟するのは難しい。乱暴な意見かもしれませんが、私はそのぐらいに思っています。

人間というものは、本来「動物の血」が流れています。どんなに口では立派なことを言っている人だって、寒ければ温まりたいと思うし、お腹が空けば何か食べたいと思う。自分の好きな花子ちゃんが、太郎くんとつき合ったら、悔しいし憎たらしいと思う。これは良いとか悪いとかではなく、人間とはそういうものだということです。いざとなれば「動物の血」が騒ぐのです。

人間に「動物の血」が流れている以上、そこには残虐性《ざんぎゃくせい》が潜んでいます。自分にとって都合の悪い存在を攻撃するのは、弱肉強食の世界では当たり前のことでしょう。しかし人間が本能の赴《おもむ》くまま残虐性を発揮《はっき》すればどうなるか。

最近では、親殺し子殺し、あるいは通り魔的殺傷事件が後を絶ちません。不満や愚痴がたまると、それを抑制できずにすぐキレてしまう。自分で自分の感情をコントロールできなくなっているのです。これは、読書をしていないことも一因ではないかと私は考えています。

人間の持つ素晴らしさは、「動物の血」を自ら抑制し、「理性の血」に置き換えられることです。それができるから、人間は犬猫とは違う存在といえるのです。

「理性の血」とは、すなわち論理的思考です。どんなに太郎くんが憎いからといって、刃物で刺したらどうなるか。論理的思考が多少なりとも養われていれば、それが何の解決にもならないことは、すぐにわかります。

物事を俯瞰して見る能力、その後の展開を想像する能力、相手の立場を理解しようとする能力は、いずれも論理的思考に包含《ほうがん》されています。これがないと、「憎い＝殺す」という単純思考で物事を捉えてしまうのです。

人間とは不可思議なもので、ときに大胆になり、ときに細心《さいしん》となる。あるときは品性高く、あるときは品性下劣《げれつ》になる。ドラッグに手を出してはいけないといくら言っても、ついそれを求めてしまう。「動物の血」が快楽を求める。人間というものは非常に混沌《こんとん》とした生き物ですから、神様のように非の打ちどころのない完璧な人生を生きることはできません。

人類が誕生して以来、「動物の血」は二〇〇万年も脈々と息づいています。神々の血、すなわち「理性の血」はたかが四〇〇〇年から五〇〇〇年に過ぎません。どっちが勝つかと言ったら「動物の血」です。そうであるからこそ、私たちは「理性の血」でもって自己を抑制し、ことの善悪を判断していかなくてはなりません。悪魔のささやきに立ち向かう勇気と決断力を養わなくてはなりません。

だからこそ読書です。読書を続けていけば、たくさんの論理展開に出会うことができます。自分の知らない世界がそこにはあります。

たとえば推理小説にしたって、ドキドキするようなシーンが展開される。最後に真相が明かされ、「そういうことだったのか」とようやく腑《ふ》に落ちる。これも一つの論理展開です。

またノンフィクションでは著者がさまざまな視点から問題を捉え、これを紐解《ひもと》いていく。その過程で、自分の気づかなかった視点を学ぶこともできるでしょうし、あるいは自分なりの疑問が新たにわいてくることもあるでしょう。これもまた論理的に考えているからこそできることです。こうした「知」の体験が、私たちの日常生活のあらゆる場面で役立つのです。

自分には「動物の血」が流れていることを認識し、自らを律する。少なくともその努力を続けていく。それが「動物」としてではなく「人間」として、自らを高めるということです。読書は、それを大いに助けてくれるのです。

未知の世界への「扉」を開け

本来、人間は自分が経験したものでない限り、その言動が正しいものかどうかを判断することはできません。太郎くんが憎いから殺した。愛《いと》しの花子ちゃんは自分に振り向くどころか憎悪《ぞうお》の視線を向け、挙げ句に自分は塀の中。そこで初めて「自分のやり方は間違っていた」ということに気づく。しかし時すでに遅し。

もちろんこれは極端な例ですが、ほかにもいろいろとあるでしょう。たとえば大学でほとんど授業に出ていなかったけれど、社会に出てみて初めて「もうちょっと勉強しておけばよかった」と後悔する。でも、もう学生時代には戻れません。

あるいは自分が仕事でミスをしたとき、嘘をついてその場はごまかしたけれど、後でバレて上司にこっぴどく叱られた。こうしたとき、初めて「もう嘘をつくのはやめよう」と思う。自分の経験によって、嘘をついたのが間違っていたことに気づくわけです。しかし人間は、こうした経験を経《へ》なくても学ぶことができる生き物です。バーチャルな（仮想の）体験を、あたかも自分が経験したことのように捉えることができる。それは、言うまでもなく読書によってです。

本の中の主人公が何か失敗をしたなら、それを自分に置き換えて考えてみる。その失敗を挽回《ばんかい》したのなら、自分もその方法を学ぶ。読書をすればするほど、バーチャルな体験が増えていきます。たかだか二〇年ほどしか生きていない若者でも、読書をすればするほど多くの知見を得られるというわけです。

また、活字を通して世間の常識を知ることもできるでしょう。たとえば日本の歴史認識について、自分はこういう考えを持っていたけれど、違う人がいる。どこが違うのか。なぜ違うのか。どうしてそういう考えを持つにいたったのか。あるいは日本人だけでなく、欧米人はどう見ているのか。こうしたことは、活字によって知ることができます。時と空間を超えた読書の体験によって、人は自分以外の物事の判断基準や価値観を知ることができるのです。

もちろんこれに限らず、たとえばロシアの小説を読めば、ロシア人の国民性やその背景が伝わってくるでしょう。日本人と違う感性の持ち主だと感じるかもしれません。世界のどこへ行っても、人間なんてそう変わらないものだと思うかもしれません。世界中を旅するにはそれなりの時間と金が必要ですが、読書なら一冊一五〇〇円とか、文庫だったら数百円で済む。小遣い程度で世界を知ることができるなら安いものでしょう。

世間の常識や他人の考え、あるいは物事の判断基準を知ることができれば、「動物の血」の抑制にもつながります。そして新たな世界への「気づき」を与えてくれます。

先ほどの学者の話ではありませんが、自分の身の回りのことや仕事の話はすらすら出てきても、それ以外の話に堪《た》えられない人が多いように思います。これは読書不足以外の何ものでもありません。週刊誌とスポーツ新聞ばかり読んでいるからそうなる。

自分を磨くのは自分次第。読書は私たちを未知の世界へと誘《いざな》う「扉」なのです。

読書でゴルフもシングルプレーヤーに

余談になりますが、私は読書でゴルフのシングルプレーヤーになりました。嘘だと思うかもしれませんが、本当です。ゴルフは理論でやるものだからです。

若い頃の私は、ゴルフなんて亡国の遊びだと思っていました。しかし米国駐在時代に始めてから夢中になりました。その頃は、プロについて練習していたのですが、なかなかうまくなりません。帰国してからの四〇代、五〇代は働き盛りですから、ゴルフ場に行く暇もなくなってしまいました。たまに行ったところで上達するわけがない。これはいかん。そこで、読書でゴルフの腕を磨こうと切り替えました。練習を重ねて身体に覚えさせるのではなく、まず理論から始めて技術を習得しようと考えたわけです。

一〇冊ほど読み終えたところで、腕が上がりはじめました。そうか、こうやって打つとシャンク（クラブヘッドとシャフトの接合部分で打ってしまうこと）になる。こうやるとフック（ボールの軌道が左に曲がっていくこと）になる。いろいろと試していくうちに、なるほどゴルフは理論的なものだと納得するようになっていったのです。

自分の理論通りに物事が進むと、ますます楽しくなってきます。さらにゴルフに関する本を読むようになりました。尾《お》崎将司《ざきまさし》等プロの本はもう一〇〇冊以上も読んでいます。一冊読んでもまったく勉強にならないこともあるし、あるいは一カ所しか参考にならないこともあるのですが、それでも読み続けました。

練習といえば、朝の散歩のとき5番アイアンを持っていって、公園でスウィングする程度。そして、週末にゴルフに行けることになったら、スコアよりも自分の理論を試す場にするんです。たとえば今日はアプローチに気合いを入れてやってみるとか、また別の日はドライバーの使い方をとことん試してみるといった具合です。するとスコアもどんどん良くなり、ゴルフを始めて一八年後にシングルプレーヤーになりました。

だから私は、いずれ『練習しないでシングルプレーヤーになる方法』という本を書きたいとすら思っています。もちろんアマチュア向けです。

アマチュアはアマチュア、プロではありません。よくテレビで、プロがしゃがんでパットを読む姿が映し出されるでしょう。あれを真似したところで意味がないんです。どうせわかりはしないんだから。それにプロに学んだところで、そもそも足腰の鍛え方が違うのですから、同じようにできるはずがありません。プロの言うことをそのまま聞いていても上達しないのには理由があるんです。

プロと同じように身体を鍛えるなら話は別ですが、アマチュアはそれができないからアマチュアなんだということです。ヘッドスピードだって全然違う。ですから私が書くのは、アマチュアが書いたアマチュア向けの本というわけです。

ちなみに会社の先輩で、自分の打つ番が回ってくると、必ず「ちょっと待て」と言ってメモを取り出す人がいました。そこには打つときの注意事項が六つくらい書かれていて、これを毎回、見ているんです。そんなことより早く打ってくれないと、コースに出ていちいちそれをやられたら、後ろの人を待たせることになる。しかしまったく意に介《かい》していませんでした。マナーも何もあったものではない。

これには唖然《あぜん》としましたが、いずれにしても実践だけに頼っているから、何度も注意事項を読み返さないといけなくなるのです。理論的に技術を習得していれば、そんなバカバカしいことをしなくても上達します。

もっともシングルになったら少しゴルフ熱も冷めました。今では5番アイアンでスウィングの練習もしません。これ以上やろうと思ったら、プロのように本格的に身体を鍛えなくてはならないからです。社長に就任して以降は、時折ゴルフ場に行ってプレイするだけになりました。

でも私は、練習場に行かず、無駄金を使わず、読書によってシングルプレーヤーになったことに、多少なりとも自負心を持っています。ゴルフはスコアという形で実力が表に出てきますが、仕事でも同じことでしょう。読書によって論理的思考を鍛えれば、やはりそれは何らかの形で、実力として表出《ひょうしゅつ》してくるのだと思います。

ハウツー本では養えない想像力

今は手っ取り早く、何でもハウツー本を読んで知識を詰め込もうとする若者が多いと聞きますが、「富士山は日本一高い」などという情報はインターネットで検索すればすぐに入手できますが、またすぐに忘れてしまいます。そんなもの、いくら詰め込んだって仕方がありません。

受験勉強だって同じでしょう。歴史上の人物や年代を暗記したところで、何の役にも立ちません。歴史上の人物の人となり、歴史的事件が起きた時代背景、そうしたものが浮き彫りになって初めて、学ぶ楽しさを感じることができるものです。

しかし最近は受験勉強のしすぎなのか、あるいは何でもマニュアル通りにやってきたからなのか、とにかくハウツー本で「にわか知識」を得ようとする傾向があるように思います。もちろんそれが、まったく必要がないというわけではありません。その場は何とか知識を詰め込んでやり過ごせるかもしれない。恥をかかずに済むかもしれない。多少なりとも自分の血肉になるかもしれない。けれど、それがすべてだと思ったら大間違いです。

知識を詰め込むだけの読書と、私のいう読書の一番の違いは、「想像力」の有無です。そもそも読書とは想像力も育てるものです。小説に出てくる情景をイメージしたり、主人公の心情を慮《おもんぱか》って涙を流したり。目次をじっくり読んで「この本の言いたいことは何か」を考えることも想像力の一つです。また私は最近、京都大学の山中伸弥《やまなかしんや》教授のiPS細胞に関する論文を読みましたが、幹《かん》細胞とは一体何なのだろうと考えをめぐらせることも想像の範疇《はんちゅう》でしょう。これらは活字だからできることです。

先にも少し触れましたが、私は中学生の頃から成人向けの本も読んでいました。異性の身体がどうなっているのか、大人の恋愛事情や夫婦生活とはどういうものなのか、実体験はなくとも活字を通してあれこれ想像力をはたらかせていました。そうやって想像に遊ぶところがあったのだと思います。卑近《ひきん》な例ですが、だからこそ好奇心や憧《あこが》れが芽生えるのであって、最初から露骨《ろこつ》な映像を見ていたら「こんなものか」と想像力の入る隙《すき》もなかったでしょう。メディアといえば本か雑誌しかなかった昔は、皆そういうものでした。想像力を掻《か》き立て、思いをめぐらすしかなかったのです。

主人公がたたずむ郊外の並木道。これだって、映像ならワンカットで情景を視聴者に伝えられます。しかし活字はそうはいきません。どんな木々が並んでいるのか、高さはどれくらいか、新緑なのか落ち葉が舞っているのか。並木道を伝える方法は無限にあります。

そしてそれをイメージするのは読者自身。同じ文章を読んでいても、もしかしたら私が想像する並木道は他の人のイメージと違うかもしれません。読者の数だけ情景があります。

だからこそ、自分が感動する本を他の人が感動するとは限らないし、逆もまた然《しか》りです。自分だけの想像力をはたらかせ、独自の感動を得られることが、読書の醍醐味《だいごみ》でもあるのです。

想像力があれば、マニュアルを超えた臨機応変が可能となる

第一、人間はハウツー本だけですべてを済ませることはできません。恋愛だってマニュアル通りに事が運べば苦労はしない。人間には「動物の血」が流れているのですから、花子ちゃんが太郎くんのことを一生好きでいるなどと口では言っていても、数カ月後には次郎くんに熱をあげていたりする。人間とはそういうものです。

花子ちゃんを再び振り向かせるために、食事でもご馳走《ちそう》するのか。重たい荷物でも持ってやるのか。モテるようになるためのハウツー本があるのかどうか知りませんが、そんなテクニックで心が動くほど人間は単純ではありません。

重たい荷物を持ってあげるという行為一つとっても、マニュアルとしてそれをやるのか、あるいは花子ちゃんが重たいだろうと想像力をはたらかせて手助けするのかでは、雲泥《うんでい》の差があります。後者だから「思いやりのある人ね」と花子ちゃんは心を動かされるのです。

そして思いやりとは、文字通り相手に対して「思い」を「やる」ことで、これは相手

の立場に立って物事を考える、すなわち想像力以外の何ものでもありません。

仕事でも同じことが言えるでしょう。お客様に本当に喜んでいただきたいと思えば、マニュアル通りではなく「思いやり」が必要です。取引先や上司との関係においても、相手があることですから、自分の想定外のことは日常茶飯に起きるのです。そんなとき、マニュアル通りで事足《ことた》れりとしたのでは「この野郎」と思われてしまいかねません。

ただの伝書バトなら、本当のハトのほうがまだマシだからです。相手が何を望んでいるのかを察知して、それに応《こた》えるべく努力し、臨機応変《りんきおうへん》に対応する。それが、ハトではない「人」に与えられた役割です。これも想像力があるからできることです。

活字だから想像が無限に広がっていく。それが、ひいては人間の機微《きび》を知り、またあなた自身の発想も豊かにしていくのです。

感動も、メモしなければ忘れてしまう

ハウツー本で得られるような情報はすぐに忘れるといいましたが、どんなに感動する本に出会っても、時が経てばやはり忘れます。人間は忘却《ぼうきゃく》の生き物だからです。娯楽や

癒《いや》しのために読む本なら、「ああ、楽しかった」とその場で終わってしまいます。また、「これは勉強になるな」と一生懸命に読んだ本でも、記憶しているのはせいぜい一カ月程度でしょう。

したがって自分がハッとした言葉、心に刻まれたフレーズがあったら、私はその都度、メモを取るようにしています。本を読んだ直後は「感動したな」と思っても、内容を忘れてしまったら何のために読んだのかわからないからです。

それに、本を読んで心に刻むべきものが一つや二つあったら、それだけで儲《もう》けものです。そんな感動は、毎回あるものではない。情報を得るためだけに読む本だって、中にはハッとする言葉があるかもしれません。これもまた儲けものです。ですから、読んだことに満足するのではなく、読んだことを何らかの形で残しておくことをお勧めします。

そもそも私は、自分が一度読んだ本を何度も読み返すということはありません。心に刻まれた言葉が何ページのどこに書いてあったかなんて、いちいち読み返すのは時間の無駄だと思っています。だから最初にサッとメモを取ってしまう。

もっとも古典は少し話が違います。たとえば一〇年前に読んだ本を今読み返してみても、たいして印象は変わりません。しかし二〇年経つと事情が違ってくる。自分自身の考えも、時代環境も変わってきているからです。それはすなわち、心に刻むべき言葉が違ってくるということです。

だから古典といわれるものは永遠に生き続けているのです。したがって古典は、数十年後にまた読み返すというのはいいかもしれません。しかしそうでないものは、とにかくメモを取る。メモしたものは絶えず自分の手元に置いておく。それが自分の財産です。

私の読書ノートは、取り立てて何か特徴があるわけではありません。本当にただのメモです。特別なことがない限り、読み返すようなこともしません。ただ、誰かと話をしているうちに「あれ、何かで読んだな」といった具合に思い出す。すると、ときどき字引のようにノートをめくることになる。

別にインデックスをつけるといった丁寧なこともしませんから、「あれ、まだ出てこない」「あれ、ここじゃない」などと、結果的にノートを読み返す。そうやって読んでいるうちに、「あのとき、こういう言葉に感動したんだな」と記憶がよみがえってきます。寄り道の効用です。

ですから、整理の仕方は人それぞれでいいと思います。走り書きでいいという人もいるでしょうし、きちんと見やすくノートを作りたいと思う人もいるでしょう。何かの機会がないと読み返さない人もいるかもしれないし、正月には必ず目を通すというふうに決めてもいいと思います。

大切なのは形に残すこと。人間は忘却の生き物なのですから、読んだだけで満足してしまっては何にもならない。とくに自分にとって幹となるような本を読んだ場合は、自分の考えにはなかった視点や、ハッとする言葉に出会えるものです。そうした心に刻むべきものをたくさん持つということは、非常に大事なことだと思います。

悲しみも喜びも深い、豊かな人生を

本の選び方は人それぞれだと思います。書店でじっくり選ぶという人もいるでしょうし、インターネットでパパッと購入する人もいるでしょう。

私は雑誌や新聞に掲載されている書評を見て本を購入するケースがほとんどです。書評にサッと目を通し、タイトルや著者を見て「面白そうだな」と思えばすぐに買います。

もっとも題名だけで選んで、失敗したと思うこともあります。二度とこの著者の本は買うまいと思うこともあります。

私はケチだから、買った本はもちろん、いただいた本も目を通さないと気が済みません。読んだ本は本棚に入れるようにして、まだ読んでないものはいつでも手に取れるようベッドの上に置いておく。つまり、読んだ本しか本棚に並んでいないのです。最近では本棚のスペースがなくなって脇に積んであるような状態です。小説はもうあまり読みませんから、ノンフィクションやドキュメンタリーの類《たぐ》いばかりです。

じつは、私には仕事を引退してからじっくり読もうと考えている本があります。『日本古典文学全集』と『世界大思想全集』、そして『大航海時代叢書《そうしょ》』です。

とくに『大航海時代叢書』は第一期と第二期あわせて三十数巻あります。これを、引退して時間がたっぷりできたときに読むのを楽しみにしているんです。

ヨーロッパの人間が新大陸で初めて現地人に会ったとき、どんな反応を示し、どうやって融和《ゆうわ》していったのか。航海に出た人たちと彼らを待つ人たちの間で交わされた手紙の内容はどんなものだったのか。そういうものに私は大変興味があります。なぜかというと、数百年も前の人と自分では、どのような思想的な違いがあるのか、あるいは人の考えや感じ方に時代の変化はどのような影響を与えるのか、与えないのか。こうしたことを知りたいからです。

たとえばモンテーニュの『エセー』は、そうした私の興味関心を満たしてくれる一冊といえるでしょう。モンテーニュは一五〇〇年代を生きた人で、ルネサンス期のフランスの哲学者です。彼ほどギリシャやローマ時代の文献を読んだ人は歴史上いないと言われています。膨大な文献を基《もと》にしながら、人間というものを洞察し続けました。

これを読むと、一六世紀の人々と現代を生きる私たちに大きな違いはないのだということがわかります。もちろん政治体制や経済体制は異なりますから、物事の捉え方や知性といった部分には違いがあります。こうしたことは時代背景によって大きく影響を受けるものです。しかし人間の持つ情感といったものは、数百年経ってもそう変化があるわけではないのです。すると人間というものの不可思議さを感じ、さらに興味がわいてくる。

先に、読書は自分の体験以外のもの、つまりバーチャルな体験を与えてくれると言いましたが、こうして時空を超えて人々の息づかいを感じ取れるのも読書の醍醐味でしょう。自分の生きた昭和や平成という時代でもなければ、日本のことでもない。ルネサンス期を生きた人々の息づかいです。

こうした読書は、人生を豊かにしてくれます。自分の限られた体験だけではなく、どこへでも何にでも自由に想像をはたらかせることができる。

人生が豊かになるとは、喜びも悲しみも深くなるということです。読書家は、じつに感情豊かな人が多いようにも思います。何かに感動したら涙が出てくる。

私だってそうです。最近ではめったに見ないテレビを見て、もらい泣きをするようになってしまいました。「くだらない内容だ」と理性では思っていても、人が泣いていたら、自分もつい涙を流してしまう。本当はこんな姿を家族に知られたくないけれど、別にどうってことない。相手に対する共感の度合いが、読書を通じて深くなってきたのだと思います。

人は読書によって感動も感激も深くなり、また広くなる。それは経験してみないとわからないことでしょう。だから若い人には繰り返し言いたい。

騙《だま》されたと思って読書を続けていきなさい。読書は、あなたの人生を豊かにする。人は読書で磨かれる。読書を続けた人とそうでない人、その差は数十年後に歴然と表れてくるのです。

第3章

己を知り、他人を知り、人間社会を知る

――人は人で磨かれる

私にとって忘れられない上司

これまでの人生を振り返ってみると、私はたくさんの人に恵まれたと思います。もっとも、偉い人の自伝などには、誰それに師事《しじ》して道が拓《ひら》かれたとか、この人に出会って人生が変わったなどといったことが書いてあるものですが、正直に言って、私の人生はそれほどドラマチックではありません。誰か一人の人によって自分の人生がガラリと変わったというよりも、多くの人との日常での触れ合いによって少しずつ影響を受けてきたというほうが正しいでしょう。ほとんどの人が、そういうふうにして多くの人から少しずつ影響を受けたり、また与えたりするものではないでしょうか。

ここでは少し、私に影響を与えてくれた人のことについてご紹介したいと思います。

私の場合、サラリーマン生活の中で強烈な印象を残した人は何人かいますが、その中でもとくに強烈な存在感を放っていたのが、故・筒井《つつい》雄一郎《ゆういちろう》さん（元伊藤忠商事専務）でした。彼は有力な社長候補でしたが、残念なことに、一九八七年に出張先のオーストラリアで水泳中に亡くなりました。

私が一度だけ、会社に嘘をついたことはすでに述べました。米国駐在前、取引先への請求書の送付をまだやっていないのに「やっています」と言ってしまったことです。このことで、私は本当に嘘をついてはいけないと身にしみて感じ、反省したものです。その後、筒井さんが新進気鋭《しんしんきえい》の課長として、私の上司になったのです。

彼はじつに天真爛漫《てんしんらんまん》というか、明るい人でした。なぜそんなに明るくいられるかというと、嘘がないからです。隠しごとがないからです。もしかしたら個人的には、内緒にしていることはあったかもしれない。それはわかりません。でも少なくとも、仕事に対しては一点の曇《くも》りもない人でした。

誰にでも、プライベートで誰かに嘘をついてしまって、たいしたことではなくても何となくばつが悪い思いをしたという経験があるでしょう。しかし個人的なことだから、どう転んでもたいしたことにはなりません。

けれど、仕事は違います。誰かが嘘をつけば、その仕事に隠しごとが生じるわけです。それをまた隠すために嘘をつく。嘘が嘘を呼び、隠しごとはさらに大きくなっていく。するとと個人的に「すみませんでした」と謝ったところで、取り返しのつかないことになります。自分だけの問題ではなくなります。場合によっては、会社の存続そのものも危うくなってしまうのです。

私は米国駐在前についたこの嘘で、本当に暗い毎日を送る羽目《はめ》になりました。小さな心を痛め、いつもどこかに不安がくすぶっている状態だったわけです。すると何をやっていても楽しくないし、明るくなれません。筒井さんという私の上司は、そういうところが一つもない人だったのです。ああ、なるほどなあ。隠しごとがないと、人間はかくも明るくなれるんだ。私にそう感じさせてくれる人でした。

「一切の隠しごとはするな」――人生最大のピンチを救ってくれた言葉

彼のこうした姿勢には何度も救われました。とくに米国駐在時代、私が穀物相場で大損失を出してしまったときは、彼がいたからこそ、その場を乗り切れたといっても過言ではありません。

米国に駐在して五～六年目くらいのときでした。その年は干《かん》ばつが続いていたため、大豆の価格が高騰《こうとう》すると確信して、どんどん買い込んでいたのです。ところが一転、雨が降って大豊作になるという予想が出たので、相場は一気に暴落しました。このときの損失は五〇〇万ドルほどです。まだ一ドルが三〇八円の時代でしたから、日本円に換算すると一四億～一五億円。これは当時の会社の税引き後の利益に匹敵《ひってき》するものでした。三〇代半ばの一人の若い社員が、それだけ会社にダメージを与えるような大損失を出してしまったのです。

これまで一生懸命に勉強して経験を積み、それなりに自信もついてきた頃でした。だからこそ挫折《ざせつ》感も大きなものがありました。なぜ、どうして、こんなことになってしまったのか。

しかしながら相場の世界は、一生懸命にやっているからといって、結果が必ずしも良くなるものではありません。学校なら、一生懸命に勉強すれば成績はついてくるでしょう。けれど相場の世界はそうではありません。「森羅《しんら》万象《ばんしょう》売りか買いか」と言われる通り、あらゆることが相場に反映されます。

日本の政権が変わっても、アメリカの大統領が変わっても、あるいは雨が降っても干ばつになっても、すべてが相場の売り買いに影響を及ぼします。それらは、究極のところ、誰も予測がつかないものなのです。したがって、どんなに努力しても大損することがあるわけです。

とはいえ、こうしたことは頭ではわかっていても、心で「ああ、そうか」と納得できるものではありません。会社がつぶれかねない大損失を出したという現実が目の前に突きつけられ、私は自分の弱さをいやというほど味わいました。急によそよそしくなる人もいて、会社では針のむしろ状態です。これで自分はクビになるかもしれない。いや、その前に辞表を出そう。そう真剣に考えたこともありました。この世には、神も仏もいないのか――。

そんなとき、「一切の隠しごとはするな」と言ってくれたのが、上司である筒井さんでした。彼が、本社からの叱責《しっせき》の矢面《やおもて》に立ってくれていたのです。そして、「お前がクビになるなら、その前に俺がクビになる」と、涙が出るようなことを明るく言ってくれました。

彼の指示通り、私は事の経緯を包み隠さず、すべて会社に報告していました。そうすると、意外なほど明るい気持ちでいられるようになりました。嘘を一切ついていなかったからでしょう。

その後、必死になって天気予報の会社や農家から情報を集めました。まだ含み損の段階でしたから、挽回《ばんかい》するチャンスは残されていたのです。データの分析を重ね、その年は秋口に霜が降りることがわかり、それに賭《か》けました。実際に寒波《かんぱ》によって相場は急騰《きゅうとう》し、含み損を解消した上に利益を出すことができたのです。

半年ほどの短い間の出来事でしたが、これは私にとって大きな転機となりました。

神も仏もいないのか。そうどこかで思いつつ、客観的な分析を重ねることは、そう簡単ではありません。それができたのは、筒井さんの支えがあり、なおかつ嘘をつかなかったからでしょう。

隠しごとをすれば、それがバレないようにするために、余計な労力が必要になります。しかしこのときの私は、失うものが何もなかったのです。だから明るい気持ちでいられたし、良くも悪くも開き直り、「何くそ」と思って努力を続けていけたのだと思います。

いずれにしても筒井さんとの出会いで、私はあらためて嘘をつかないということ、そして「いかに人生、天真爛漫に明るく生きるか」ということを、つねに念頭に置くようになりました。

実家の屋号は「正進堂《しょうしんどう》」

いつも正直であること。これをつねに意識してこられたのは、祖父母の影響も大きかったと思います。前にも触れた通り、田舎というのは長男が絶対的な存在ですから、それ以外は、どちらかというと両親は放ったらかしです。

しかし祖母は違いました。長男だろうと何だろうと、孫は皆、かわいかったのだと思います。そして、いつも孫たちに「嘘つきは泥棒の始まりだ」と口癖のように言っていました。信仰にあつく、「南無阿弥陀仏《なむあみだぶつ》」と唱えている祖母の記憶しか私にはないのですが、何かあると、そうやって私に話をしてくれるような祖母だったのです。

小さい頃に言い聞かせられたことというのは、いつの間にか自分の潜在意識に刷り込まれているものです。幼いときの嘘など他愛《たわい》もないものですが、「泥棒の始まり」という罪悪感が、私の心の奥底にずっと横たわっていました。

もっとも、小さいときにそれを明確に意識していたわけではありません。些細《ささい》な嘘はついたと思います。そんなとき、今度は両親が私を厳しく叱りました。

今でも覚えているのは、小学校高学年の頃、親父にぶん殴られたことです。父親に内緒で、私は犬を飼っていたんです。飼ってはいけないと言われていたけれど、子犬が私の後をついてくるものだから、かわいそうになって内緒で飼うことにしました。お腹が減るとキャンキャン鳴く可能性があるから、いつも自分の食事を少し残して餌《えさ》にしていました。

親父は会社に行っていて家にはいないから、バレないだろうと子供心に考えたわけですが、週末があります。うかつでした。犬はいつ鳴くかわからない。おふくろは黙っていてくれたのですが、ついにある週末、キャンキャン鳴くところを親父に聞かれてしまって、バレたのです。このとき、思い切り殴られました。殴られた記憶はそのときだけです。

「俺は馬鹿だなあ」と幼心《おさなごころ》に思いました。そして、やっぱり嘘というものはいつかバレるということも、このとき身をもって感じました。嘘をつくと、こんな罰が待っているのだと殴られながら考えたものです。

前章でもちらっと触れたように、私の実家は本屋なのですが、奇《く》しくも屋号は「正進堂」。正しく進む、というわけです。祖父母も両親も、まさにその屋号の通りに生きた人でしたから、私は我が家の「嘘はいけない」という考えに、大きな影響を受けました。それ以後、会社で一度、嘘をついたとき以外、私はほとんど嘘をついた記憶がありません。筒井さんに出会ってから、こうした自分の原体験がよみがえってきて、それを強く意識するようになったわけです。

だから、「清く正しく美しく」と、何度でも繰り返し言いたい。嘘は必ずバレるのです。誰も見ていないと思うかもしれません。しかし昔は、誰も見ていなくても、「お天《てん》道《とう》様が見ている」とか「仏様が見てござる」と言いました。昔の人はうまいことを言ったもので、まさにその通りなのです。いつか、どこかで、ふとしたときにバレてしまいます。

また、嘘を通そうとしたら、その嘘が本当のことだと自分が信じ込むくらいまでにならないとダメなんです。そんな労力を使うくらいなら、嘘偽りなく、いつも明るく晴れやかに過ごしていたほうがどんなにかいいことでしょう。

正直さにこだわる姿勢は、祖父母や両親から受け継いだ私の宝です。私には娘が二人いるのですが、彼女たちが二〇歳になったとき、正座をさせて、「何をやってもいいが、自分の心に嘘だけはつくな」と言い聞かせました。

今の若者にも、「嘘をつくな、正しく進め」という言葉を贈りたいと思います。

黒い嘘、白い嘘

とはいえ、人間というのは「動物の血」が流れていますから、自分に都合の悪いことが起こると、つい嘘をついてしまいます。私も幼い頃にぶん殴られておきながら、会社で嘘をついてしまいましたからよくわかります。人間というのはえてしてそういう生き物なのです。

上司から「あれはやっているか」と聞かれたら、部下は「やっていません」とはまず言わないでしょう。たいていはその場をごまかすために、やっていなくても「やっています」と答えるのです。上司はそれで「そうか」と納得してしまう。しかし私の場合は、自分がごまかした経験があるから、部下のそういう言葉では納得しません。「君の言う

『やっています』と、私が聞いた『やっているか』は、意味が違うんだ」と言って、具体的に仕事の進行状況を質問するわけです。

第一、私が「やれ」と部長に言った仕事の案件を、部長は課長に「やれ」と言っただけで自分はやったことにしている。それで部長は、その仕事をやったつもりになっていることがじつに多い。

やっていないのにやっている。こういう嘘は、どこの会社でも多かれ少なかれ存在しているでしょう。したがって私は最近、「やっているか」という質問は愚問だと思うようになりました。すぐにバレる嘘をつく人は少ないですから、皆「どうせバレないだろう」とタカをくくって嘘をついているわけです。それを「やっているか」などと聞くのは、そう聞く上司のほうが悪い。そう考えるようになりました。

いずれにしても、やっていないのに「やっている」と言うのは、私の言葉で言えば「黒い嘘」です。一方で、悪いということを知っていながら黙っている。これは「白い嘘」です。

最近では、日本には「白い嘘」が蔓延《まんえん》しているように思います。たとえば新聞を騒がせた日米安全保障条約の「密約」についての報道もその一つでしょう。これは、一九六〇年の条約改定時、アメリカとの間で交わされた核の持ち込みに関する密約ですが、村《む》田《た》良平《りょうへい》元外務事務次官が「密約はあった」と発言し、大騒ぎになりました。

しかしアメリカでは、公文書の開示・閲覧《えつらん》が始まっており、このことはすでに報道されていたにもかかわらず、日本政府はこれを公式には認めようとしませんでした。新政権になり、有識者《ゆうしきしゃ》委員会が発足し検証をしたところ、いくつかの文書の存在が明らかになってきました。

あれから半世紀にわたり、政府は「密約はない」と言っていたのですから、結果的には皆が「白い嘘」をついていたということです。なぜ政府や官僚は「白い嘘」をつき続けるのでしょうか。米国側から見れば、日本はお上の言うことは何でも信じる国民か、ということになり、日本人は馬鹿にされてしまうでしょう。当時の日本の外交・安全保障戦略上、「白い嘘」をつく必要があったのは、やむを得ない事情かもしれません。ただ、この件以外にも、政治のみならず、国・地方の行政、経済界、学界などすべての分野で何十年も「白い嘘」をつき続け、事実と違うことが日本の歴史に書き込まれ、数十年経った今の時代にも、若い小中高生らに「事実」として歪《ゆが》められた歴史が伝えられるとしたら、怖ろしいことです。

民主主義社会における資本主義体制においては、次の三つ、すなわち透明性を高め、情報開示を行い、そして説明責任を果たすという原則が必要でしょう。

繰り返しになりますが、誰も見ていないと思っていたって、誰かが見ているのです。永遠にバレない嘘はないのです。しかしながら、まったく嘘をつかないというのも難しい。「嘘も方便」という言葉もあります。

とりわけ若いうちは、私がどれほど「人生暗くなるよ」といったところで、ピンとこないでしょう。小さな嘘をつき、その嘘が招く怖さを自分で体験するよりほかに方法はないのかもしれません。

ケジメをつけて「タダ働き」

私は社長時代にタダ働きをしたことがあります。特損処理といって、不動産や不採算事業を整理するなど、不良資産を一括処理し、特別損失を計上したときのことです。

一九九九年一〇月、伊藤忠商事は三九五〇億円の特損処理を発表しました。その年度の最終損益は単体で一六三〇億円の赤字を計上、株式は無配となりました。そのケジメをつけるため、私は「当分の間、タダ働きをする」と宣言したのです。つまり給料返上というわけです。

当時、業界だけでなく、日本でも最大規模の特損処理でしたから、社内外にも大きなインパクトがありました。これは、言ってみれば長年の会社の膿《うみ》を出しきったということです。社長時代に私が行った大きな決断の一つです。

じつはこのとき、私はさんざん悩みましたが、最終的に隠しごとは一切しないという自分の信念にしたがいました。結果、伊藤忠商事は信頼を取り戻し、翌年には連結で純利益七〇五億円という当時の過去最高益を達成しました。V字回復です。財務体質が改善されたことと、伊藤忠テクノサイエンス（現・伊藤忠テクノソリューションズ）の上場に伴う売却益が大きかったので、非常に運に恵まれました。しかし隠しごとをせず、思い切って特損処理をしたことも大きかったのではないかと思います。

バブル全盛期、伊藤忠商事はイケイケドンドン、拡大戦略を続けていました。しかしその後バブルが崩壊し、融資していた先の多くがお手上げ状態で、土地や建物などの担保を全部、伊藤忠が抱えることになってしまったのです。

それでも当時は、拡大のツケが回ってきているという意識は希薄でした。しかし担保の価値が上がるのをひたすら待っているだけでは、浜の真砂《まさご》のように際限なく損が出てきます。どんなに稼いでも、負の遺産にすべて吸収されてしまいます。これでは儲けは出ないし、給料も上がらないし、毎日が暗くなる。これは何とかしなくてはいけないと思うようになりました。そして私が社長になってから、大ナタを振るったというわけです。

もっとも業界でも最大規模の特損処理ですから、市場がどう反応するかわかりません。少しずつ処理するという手もあるのではないか。一気にやることもないのではないか。下手したら社会の信頼を失い、倒産の憂き目にあうかもしれない。自分はどんなに批判されてもいいが、社員はどうなるのか。もし倒産などということになったら、社員やその家族は路頭に迷ってしまいます。その責任はどうするのか。牛の反芻《はんすう》のように、何度も何度も考えました。そのことで眠れなくなるときもありました。

しかしスピードが要求される時代ですから、負の遺産に足を引っ張られている時間はありません。毎日を暗く過ごしているのなら、少しでも早く払拭《ふっしょく》しなければなりません。そう思って決断したのです。

何より良かったのは、社員やステイクホルダー（利害関係者）に対して、嘘をつかなかったということです。これまでは、机の中にしまってある損失について、経営陣が口ごもることもあったと思います。それがなくなったのですから、会社はとても明るくなりました。

会社の不祥事は嘘から始まります。嘘をついたところで業績が良くなるわけではないのに、「そのうち何とかなるだろう」と思って、黙って「白い嘘」をつき続けたり、机の中に隠したりするのです。

しかし「白い嘘」は、ある日、黒になります。これはもう「不変の真理」と言ってもいいでしょう。脱税や偽装表示が発覚するのは日常茶飯事です。「白い嘘」を貫き通せる人もいるかもしれませんが、私から見れば九九パーセントはうまくいかない。「白い嘘」は、いつか黒に変わるのです。

「いつか良くなるだろう」とか「何とかなるだろう」と思っていても、腐ったリンゴというのは新鮮な状態には戻りません。不思議なもので、悪い局面が良い局面に転換することは滅多にないのです。だから皆、白が黒になっていく。嘘の怖さというのは、こうしたところにもあるのです。

自分の評価は他人が決める――私を変えた一言

私の経験から言うと、若いときというのは、小生意気なものです。会社ではトンボにもなっておらず、まだアリの段階なのに、自分の担当している仕事がすべてだと思って、「俺はこれだけやっている」という強烈な自負心が芽生えてくるのです。

上司の立場から言うと、とくに入社一〇年くらい経った人が、一番始末が悪い。同じ分野の仕事を続けていけば、それなりに業務に習熟してきます。すると、「この分野については俺が一番だ」とか、「俺は何でも知っている」という気持ちになるのです。ついでに周りが皆、バカに見えてくる。実際、現場のことをよく知っているのは、こうした一〇年社員であることが多いのですから、仕方のない話かもしれません。

私の場合、入社当時から始末が悪かった。相当に鼻《はな》っ柱《ぱしら》の強い新入社員でしたから、「なんだ、あいつは」と思われることもしばしばだったのではないかと思います。名古屋郊外の田舎で育ち、言葉遣いやマナーも知りませんでした。背広は一着だけしか持っていませんでしたし、髪はボサボサで、およそ世間がイメージする商社マンにあるまじき姿です。入社後、しばらくして上司から「ポマードくらいつけてこい」と言われたことがありましたが、「なんでそんなものをつけなきゃいけないんだ」と反発していました。

入社一年目で、私は組合の役員をやることになりました。学生運動をやっていたということが周囲に知られるようになり、それならあいつに役員をやらせようということになったのです。今でこそ、組合の役員はある程度の社歴のある人がなるものですが、当時は必ずしもそうではありませんでした。上司ににらまれたくないから、若い社員にやらせようと周囲が考えたのかもしれません。

そこでさっそく組合大会に参加しました。当時は、昇給のことであれこれと議論していたと思います。私は、手を挙げて「ストライキをやれ！」と発言しました。会議の場で発言することに物怖《ものお》じしないタイプです。ごちゃごちゃとくだらない話をしていたって仕方がない。経営陣にダメージを与えるにはストライキしかないと言ったのですが、周りは呆然《ぼうぜん》としていました。

「こんなのに組合をやらせておいたら、えらいことになる」と人事部長は思ったのでしょう。「社長秘書になってはどうか」と打診されました。社長秘書は組合には入れないからです。

他の人にとってみれば、入社一年目で社長秘書になるのは「白羽《しらは》の矢」かもしれませんが、私は社長室の綺麗なフロアにも興味がないし、そもそも背広も一着だけなのですから、小綺麗な格好もできません。「私の上司が秘書をやれというならお引き受けしますが、私としてはお断りします」とはっきり言いました。結局、本部長が断ってくれたので、事なきを得ました。

一事が万事その調子でしたから、周囲からもかなり生意気なやつだと反感を買っていたことと思います。また、先にも述べたように、当時の私は雑用ばかりで、「俺はこんなくだらないことをやるために会社に入ったのではない」と思っていました。入社してすぐの頃は、いったん整理してしまった六法全書を買いなおして、いずれ会社を辞めて司法試験を受けようと考えていたくらいです。

それからしばらくしてからだと思います。

「一体俺を何だと思っているんだ。こんな雑用ばかりやらせやがって」とか、「俺はお前たちと違ってものすごい読書をしているんだ。それなのに、何にも知らないやつが偉そうにしやがって」などと内心毒づいていたりしたのですが、それが態度にもあからさまに出ていたのでしょう。あるとき、当時の課長代理だった故・田付千男《たづけゆきお》さんが酒の席で私にこう言ったのです。

「丹羽君、君は自分の能力を自分で評価しているようだけど、自分の能力は他人が評価するものなんだ。自分でしちゃいけないよ」

私はこの言葉に、ものすごくショックを受けました。頭をガーンと殴られたような衝撃だった。

そのうちに、彼が言っていた言葉の意味がわかるようになりました。会社においては、自分の評価など何の足しにもならないのです。

学校では、試験の結果や成績表で明確な評価がなされるものです。しかし会社では、そうした明確かつ一定の評価基準があるわけではない。会社によっても違うでしょうし、同じ会社でも所属している部署や上司の判断によって変わってくるでしょう。評価基準が一定でない中において、人はつい自分の能力を自分で評価してしまいます。その自己評価は、えてして他人の評価より高くなりがちです。

たとえば自分が一〇〇点満点の仕事をした場合、とかく一五〇点をつけたがる。ところが周りの評価はどうかというと、せいぜい七〇点とか八〇点でしょう。そういうものです。すると、自分の評価と他人の評価とでは、二倍ほどの差になります。このため、自分の能力を自分で評価する人は、「会社は俺のことを理解していない」とか、「あの上司は俺のこと何にもわかっちゃいない」という具合に不満がたまるというわけです。

今でも、この田付さんの言葉が私の耳に残っています。忘れられない出来事でした。

新入社員にも同じことが言えるでしょう。それまで学校の成績というわかりやすい評価に慣れてきていますから、会社の人事評価は不透明に感じるかもしれませんし、そのぶん、不満もたまりやすい。自分の能力に謙虚になれず、周りの先輩たちは会社に飼いならされているように見えてしまうのです。

しかし、本書で繰り返し述べているように、まずはアリのように働く。若手の社員は、社会人として教育してもらっている間にも月給をもらっているのですから。そうやってがんばった結果は、後から必ずついてきます。

付け加えて言えば、会社における評価の基準とは何かというと、私は「周りからどれだけ必要とされるか」だと思っています。「この人だからこそ任せよう」とか、「あなたがいないと困る」といった具合に、周囲から必要とされる人間になることです。自分で自分の能力が高いと評価しているうちは、まだまだなのです。

無能な上司はそんなにいない

今思えば恥ずかしい話ですが、若い頃の私は、相当に自負心の強い人間でした。本書であれこれ説教臭いことを言うのは、それがすべて私の通ってきた道だからです。先輩や上司はなんてバカなんだ、くだらないやつらだ、と腹の底で思うことも、一度や二度ではありませんでした。

きっと若者も社会人になったとき、そのように感じる局面が出てくることと思います。しかし、そこで考えてみてほしいのは、上司は果たして本当に無能か、ということです。無能というとまるで知識もなく、浅薄《せんぱく》なイメージがありますが、そういう上司はなかなかいるものではありません。それなりの経験を積み、責任を取れる能力があるから上司として存在しているわけです。

また、上司だって一〇年社員と同じように現場を歩いてきたのですから、その意味では現場における能力もあるのです。しかし今は、第一線ではなく、もっと幅広く業務を把握し、取り仕切らなければなりません。入社して一〇年くらいまでの社員のほうが現場に精通しているのは当たり前のことでしょう。役割が違うだけの話です。

自分の良心にしたがって生きる

しかし、どう努力しても合わない上司はいるものです。それは上司に知識がないとか能力がないということより、倫理観とか道徳といった面での嫌悪感《けんお》ではないでしょうか。セクハラやパワハラまがいの言動を見て、「こんな上司とはつき合っていられない」と思うこともあるでしょうし、弱い者いじめをしたり、強い者に媚《こ》びへつらったりする上司は「こんな人を尊敬できない」と感じると思います。

勧められることかどうか知りませんが、私自身はそんなとき、上司だろうと何だろうと、必ず食ってかかっていました。人一倍、正義感が強いほうでしたから、黙っていることができなかったのです。当時はロマン・ロランの小説『ジャン・クリストフ』の生き方が好きでした。作曲家としてその才能を開花させたジャンが、音楽界の不正に立ち向かっていく話なのですが、これは私の哲学でもありました。

自分の良心にしたがって生きる。私は『ジャン・クリストフ』からそのことを学びましたが、しかし決して簡単なことではありません。もちろん、そんなにしょっちゅう上司に歯向かっているわけではない。けれど「ここぞ」という大事なときには、きちんと上司に自分の意見を言っていました。自分の考えが正しいと信じたのなら、上司の一人くらい説得できなきゃおかしいだろうと思っていたのです。

媚びへつらっていれば、平穏に会社生活を送れるかもしれません。しかし私にとって、そんなことより自分の信念や価値観を曲げることのほうが我慢のならないことでした。

黙って見ていることができないタチなのです。

今でも覚えていることがあります。入社当時、私は隣の課にいる同期から相談を受けたことがありました。上司の言われた通り仕事をしているのだけど、どうもおかしい。下請けいじめや不正があるようで、それを上司に言っても埒《らち》が明かない、というのです。私はさっそく、当時の企画統轄《とうかつ》課長のところに直談判に行きました。「隣の課でこんなことが行われている。会社として由々《ゆゆ》しき問題なので、すぐに調べる必要があるのではないか」と言ったのです。

課長はすぐに対応してくれました。問題が公《おおやけ》になり、隣の課の課長は厳重な注意を受けました。しかし、ことはそれで終わりません。今度は犯人探しが始まりました。一体これを漏《も》らしたのは誰だ、というわけです。そのうち私が直談判に行ったことが周囲に知られるところとなりました。すると「新入社員のくせにけしからん」ということで、なんと私との交際禁止令が出たのです。正義のためにやっているのに、どうしてこういう目に遭《あ》うのか、さっぱり理解できませんでした。

もっとも再び企画統轄課長のところへ行って事情を説明し、そのうちにほとぼりは冷めましたが、会社というのはおかしなところだと思っていました。

これだけではありません。ほかの会社は知りませんが、伊藤忠商事では、新入社員には細々としたことを教えてくれる先輩社員がつきます。今でいうならOJT（On the job training＝実際の仕事を通して訓練する指導方法）のようなもので、日々の業務について具体的に指示を出してくれる指導社員がいるわけです。

入社二年目でしょうか。私は自分の指導社員に対しても、「貴様！」と言って食ってかかったことがありました。

彼は、入社したての社員を、こてんぱんにいじめるような人でした。本人は躾《しつけ》のつもりで悪気はないのかもしれませんが、新入社員が「すみませんでした」と謝っているのに、まだブツブツと小言を言い、若手を萎縮《いしゅく》させてしまっていたのです。私は見るに見かねて、「貴様、いい加減にしろ！」と椅子《いす》を蹴飛ばして怒鳴ったのです。

その場にいた課長はびっくり仰天《ぎょうてん》。「お前なあ、いくらなんでも先輩に『貴様』はないだろう」と言われてしまいました。私は学生運動のときの名残《なごり》で、カッとなるといつも「貴様！」になってしまうのです。

それはともかく、二年目の社員が何年も上の先輩で、なおかつ自分の指導社員に対して怒鳴ったわけです。課長は「君の指導社員を代える」と言いました。その後、もっと年配で、ロンドン帰りの大変に立派な人が私の指導役になりましたから、かえって良かったと思います。

こうしたエピソードはいくつもありますから、私は伊藤忠商事でなければとっくにクビになっていたかもしれません。もっとも、私は私の信念にしたがって行動したまでです。自分の正しいと信じるところを、会社が「けしからん」と言ってクビにするなら、こっちから願い下げだと思っていました。上司におべんちゃらばかり使わなきゃならんようなくだらない会社なら、俺はいつでも辞めてやるぞ。そのぐらいに思っていたわけです。

無鉄砲といえば無鉄砲です。普通なら、とっくにクビになっていたかもしれません。自分の生き方を貫き通す、あるいは筋をきちんと通すということを認めてくれる伊藤忠商事の社風があったから、私はやってこられたのかもしれません。ですから、これは必ずしも今の若い人たちに「同じようにやりたまえ」と言うつもりはありません。

しかしこれだけは覚えておいてほしいと思います。会社で「貴様！」と怒鳴るかどうかは別として、自分の信念にしたがって生きるとはどういうことか、つねに自問してほしいのです。

この信念とは、自分本位の考えのことではありません。客観的に見て、それが人のためになっているかどうか。社会のためになっているかということです。たとえ自分が不利な立場に置かれても、自分の良心や価値観にしたがう。これが信念を貫くということです。

新入社員は謙虚に自分の能力を見つめなければなりませんが、倫理観や道徳といったものは、社歴で測れるものではありません。どんなに社歴が上の先輩でも、「あいつは弱い者いじめばかりする」というような人はいるでしょう。

筋を通そうとしても、それが通らない。あるいは自分の生き方を曲げてまで会社におもねらなければならないのなら、その会社のほうがおかしいのです。そんなときには辞める決断をしてもいい。私はそう思っています。

信念を貫くことと、独りよがりの違い

自分の価値観をしっかり持って、決して自分本位ではない言動を積み重ねていけば、いずれ上からも下からも評価されるような人間に必ずなると思います。部下の目には「頼りがいのある先輩」として映るでしょうし、上司からは「生意気だけど筋が通ったやつだ」と一目置かれることになるのです。

もっとも会社というのは人間社会の縮図《しゅくず》のようなもので、人と人とのつき合いなくして、すべてがうまく回るわけではありません。昨今はKYなどという言葉が流行っているようですが、人間関係を上手に築いていくことも大切です。

第1章でも述べたことですが、飲みに行くのも人間関係を円滑《えんかつ》にするための一つです。

最近の若者は会社の上司と飲みに行くのを好まない傾向にありますが、職場以外で上司と接することで、学ぶこともたくさんあります。若い人たちが飲みに行かないのは、それがプラスにならないと思っているからではないでしょうか。

たとえば男同士で飲んでいて、ゴルフと女性と遊びの話ばかりだったら、「つまらな

い、家に帰って本を読んだほうがマシだ」ということになるわけです。上司は部下を「つき合いが悪い」とくさすだけでなく、なぜ誘っても来ないのか、考えてみないといけないと思います。

昔は毎晩のように上司や同僚と飲みに行ったものです。私は社会人になるまで頻繁《ひんぱん》に酒を飲んだことがなかったけれど、飲んでみたらじつにうまい。加えて私は酒に強いタチらしく、飲んでもたいして酔っ払いません。その調子で、日本酒をぐいっと飲むわけです。お酒は好きでしたが、相手があんまり酔っ払ってくると、話もくだらなくなるので「お先に失礼します」とさっさと帰っていました。上司は「お前、帰るのか。バカヤロー。勝手にしろ！」などと罵声《ばせい》を浴びせてきましたが、翌朝になると「お前、いつ帰ったんだ？」なんてケロリとしています。

それでも、上司と飲みに行くことには大きな意味があったと思っています。もちろん「ただで飲める」という魅力もありましたが、それ以上に学ぶべきところがたくさんありました。過去の仕事上の失敗談などは、大変に参考になります。普段は偉そうにしている人でも、酒が入ると正直になるものです。

まだ入社五〜六年のころ、部長と一対一で飲んでいたら、彼が涙ながらに若い頃の失敗を話してくれたりもしました。自宅まで送り届けたあと、「上司も同じ人間なんだな」と思ったことを覚えています。そんな人生勉強もできるわけです。

自分の信念を貫くというのはとても大事なことですが、それでは人間関係はどうでもいいかといったら、決してそんなことはないのです。人間は周囲の人から少なからず影響を受け、学びながら大きくなっていくものです。自分一人だけで何かをやっているなどと思ったら大間違いでしょう。そういうのは独りよがりというのです。

「間《かん》ゴマ」と「直《じき》ゴマ」——人間関係をよくするには

では、人間関係を円滑にするにはどうしたらいいか。私はゴマをするのは大嫌いですが、これは使いようだと思っています。つまり「直ゴマ」はダメ。「間ゴマ」ならいい。

「直ゴマ」とは、直接、上司におべんちゃらを言うことです。「間ゴマ」というのは、間接的にゴマをすることです。

たとえば、課長に「部長のことを尊敬している」とか何とか言っておいて、課長から部長に伝わるようにする。人間、そう言われて嬉しくない人はいません。「あいつはかわいいやつだ」と、目をかけてくれるようになるでしょう。

もちろん、尊敬もしていないのに自分の出世を考えて媚びへつらうのでは、保身に汲々《きゅうきゅう》としているだけですから、これはいけない。しかし本当に尊敬しているのなら、そうやってさりげなく伝えてみればいいのです。そして飲みに行って、いろいろと人生を勉強させてもらうのです。

これが「間ゴマ」というもので、こういうゴマならたまにすってみてもいいのではないかと思います。何かあったとき、相談に乗ってもらえたり味方になってくれたりする人は、若い社員にとっては心強いはずです。また、そうして人情の機微に触れるからこそ、上司との信頼関係も築けるというものです。

そもそも「直ゴマ」をすって、ゴマの匂いがぷんぷんするようでは、周りから「あいつは何だ」と思われてしまいます。ゴマ風呂に入っているようなもので、体中から匂いを発するようになる。すると「あいつは○○部長の子飼《こが》いだ」とか、「イエスマンで自分の考えがない」などと判断されてしまいます。

ゴマは、かすかに匂うから「美味しそうだ」と食欲をそそる。人間でいえば、魅力的になる。しかしゴマが単体で主食になることはあり得ないでしょう。人間社会におけるゴマだって同じことです。

これは、ゴマ油を考えてみればよくわかると思います。韓国料理のビビンバなど、とても美味しい。さまざまな食材をご飯にのせても、ゴマ油のかすかな香りがするから食材が調和して美味しく食べられるのです。ゴマ油には、親和性を持たせるという役割がある。だから食材を混ぜて食べることが多い韓国料理には欠かせません。

したがって、少しくらいゴマの匂いを漂わせたほうが、人間同士でも潤滑油《じゅんかつゆ》になっていいのではないかと思います。自分の課や部をうまくまとめるためにも必要でしょう。自分の上司や部下の仕事が、たとえ自分の評価では五〇点くらいでも、七〇点くらいの表現で褒めてあげる。部下はますますがんばるでしょうし、上司は自分の意見に耳を傾けてくれるようになります。「間ゴマ」とは、「和」の精神でもあるのです。

私もたくさんの部下を持つようになって、いつの間にかゴマをすられる立場になってしまいました。だからよく匂いをかぐんです。ゴマの匂いがきついと、やっぱり鼻につく。上司だってバカではありませんから、そのぐらいのことはわかります。何でもかんでも「素晴らしい」と褒め称《たた》えられたって気持ちが悪いだけです。私なんか、そんなゴマの匂いがプンプンしているのは大嫌い。だからときどき、「お前、おべんちゃらが過ぎるぞ」と言ってやるんです。

これは会社だけでなく、友人や家族でも同じことでしょう。両親や奥さんに、たまには「ありがとう」とお礼を言ってみればいい。すると、相手も気分がよくなるものです。うまくいけば小遣いをくれるかもしれないし、食事のときにおかずが一品増えるかもしれない。それを目当てにするのは考えものですが、いずれにせよ、人間は、型にはまったギチギチの状態では息苦しくて生きていくことはできません。ときには「間ゴマ」をすって、周囲とうまく調和していくのも大切なことです。

人は自分の心の鏡である

私は本書で「間ゴマ」のすり方などというハウツーを皆さんにお話しするつもりではありません。むしろここで私が言いたいのは、自分が「直ゴマ」をすれば相手も「直ゴマ」をする。すなわち、人は自分の心の鏡であるということです。

上司の立場からすると、部下を育てるには三つの基本原則を押さえていればいいと私は考えています。それは「認めて、任せて、褒める」ということです。人間は誰だって自分の能力を認められ、責任ある仕事を任され、そして「よくやったな」と褒められれば嬉しいものです。この逆をやると、部下はあっという間にヤル気をなくしてしまいます。

もっとも、あまり大げさに褒めると、今度は褒められることを目的として仕事をするようになります。やってもいないのに「やっています」と言うようになり、下手すると、叱られたくないから粉飾《ふんしょく》決算でさえ正当化するようになってしまいます。たとえば本当は二億八〇〇〇万円の利益しか出していないのに、三億円の利益を出さないと叱られる。そこで、無理してどこかで帳尻《ちょうじり》を合わせようとする。こんなところにも、会社の不祥事の原因が潜んでいるのです。

したがって上司は、さりげなく褒めるようにしなければなりません。繰り返しになりますが、ゴマの風味は、ほのかに漂うからいいのです。

とはいえ上司も人間です。部下に慕《した》われたいという気持ちがあるから、たいしたことでもないのに褒めて、「直ゴマ」をすってしまいがちです。すると相手も「直ゴマ」をすって、嘘八百のおべんちゃらばかり並べるようになるわけです。

ゴマだけではありません。自分の心の動きというのは、相手は敏感に察知します。何となく苦手だと思っている相手がいるなら、その相手もきっとあなたのことをそう思っているはずです。「こいつは無能だ」と思っているなら、相手もそれを見抜き、距離を置いてしまうものです。人間というのは、かくも鋭敏な生き物なのです。

恋愛だってそうでしょう。最初からイヤな相手だと嫌悪感を抱いていたら、どう転んだって恋愛関係には発展しません。「まあまあいい人だな」と好感を持つと、相手もそれを敏感に察知して、徐々に恋愛が成立していくのです。あるいは、見るからに素敵な人だと思えば、それはもう言わずもがな。こういう気持ちは相手にも自然に伝わっていくわけです。

誰にでも、自分より優れた部分が必ずある

上司と部下の関係でも同じことです。上下関係なんて、イヤだと思ったらまず成立しません。好き嫌いは、必ず相手に伝わるものです。

上下関係が成立しないのは、もちろん双方に原因があります。部下だけが悪いわけでもないし、上司だけが悪いということもない。しかし部下が「この野郎」と思っていたら、上司だって「生意気なやつだ」と思っているはずなのです。この場合は、上司と部下というより、人生の先輩として、若い人は謙虚に学ぶ姿勢が必要です。

これは私の信条でもありますが、人は誰でも自分に持っていない良さや優れた部分があるものです。たとえば自分より字がうまいとか、明るくハキハキと話すとか、あるいはとてつもない行動力の持ち主だといったことでもいい。探せば必ず学ぶべき点があります。それを見出すことが肝要《かんよう》なのです。

もっとも課長や部長は、仕事の上では偉い立場にあるけれど、人間として偉いとは限りません。すると部下に「この野郎」と思われて当然です。だから上下関係が成立しな

いのは、双方に原因があるけれど、どちらかというと上司が悪いケースのほうが多いと私は思っています。

把握できる部下の数は三〇名が限度

若い人に覚えておいてほしいことは、今はまだ自分のことだけで精一杯でも、課長ぐらいの立場になったら、自分の部下のことをよく知ろうと努力すべきだということです。部下がいつ結婚して、どこに住んでいるのか。奥さんとの仲はいいか。子供は何人いるのか。体調を崩していないか。こうしたことを気にかけて、何かの折には「おい、身体の調子はどうだ」とか、「奥さんは元気か」などと声をかけてやるぐらいのことが、普通にできるようにならなければなりません。

以前にも、こんなことがありました。伊藤忠のグループ会社のある部署で、若手社員が転勤になったのですが、住まいを聞いてみると勤務地まで片道二時間以上はかかるというのです。私は彼の上司をつかまえて、「お前、あいつは会社まで往復五時間はかかるじゃないか。なんでそんなところに転勤させたんだ」と怒りました。

ちゃんと住所を把握しているのか。自宅はバスが一時間に一本しか走っていないようなところだったらどうするのか。毎晩遅くまで仕事をして、帰りはタクシーを使うのか。バカ言っちゃいけない。若造が毎日タクシーで帰るなんて、微々《びび》たる給料から出せるはずがない。

その若手社員は自分からは言いません。だからこそ、上司がそのあたりのことを配慮してやらなければならないのに、それをしていなかった。もっとも私が「配置を換えろ」と言ったところで、すぐに転勤が取りやめになるわけではありません。彼にはしばらくの間、我慢してもらわなければならない。こういうとき、少なくとも「お前には苦労をかけるなあ」と労《ねぎら》ってやるのが上司というものです。

ちなみに、こうして部下の状態を把握できるのは、私の経験から言えばせいぜい三〇名です。課長なら把握できる部下の数は三〇名ですし、事業部長なら把握できる部長、課長の数も三〇名が限度です。それ以上に増えたら、管理職を増やすか、組織を分割するなど、体制を見直したほうがいいでしょう。あまりに多いと、一年経っても「あれ、この人いたかな」と誰が誰だかわからなくなる可能性がありますし、また独身の部下に

「奥さんは元気か」などと間抜けな質問をしかねません。

いずれにしても、上下関係が成立しないのなら、自分の心がその原因をつくっているのではないかと省みる必要があります。とりわけ自分が部下を持つ立場に立ったらなおさらでしょう。部下が動かないなら、それは部下のせいではなく、上司である自分のせいである可能性が高いのです。

何度でも繰り返します。人は自分の心の鏡です。上司も部下も、そのことを肝に銘じておかなければなりません。

顔に注視せよ

政治家にしても経営者にしても、自分が大勢の人に向かって何かを訴えようとするとき、とても大事なことがあります。それは「人生の証《あか》し」ともいえる顔つき、たたずまい、あるいは聴衆に話すときの情熱、気力といったものです。話している内容などはじつは二の次で、会場を一歩出ればほとんどの人がそんなものを忘れてしまう。難しいことを延々と喋《しゃべ》っても、聴衆が船を漕《こ》ぐのを促しているだけなのです。

若い人も、偉い人の話を聴いていて感じることがあるでしょう。すらすらと流暢《りゅうちょう》に喋る人でも、聴いていて今一つ響くところがない。立派なことを言っていたことは覚えているんだけど、ハテ、何だったかな……？

これは、喋る側の人が、言葉だけで自分の考えを伝えようとしているからです。アメリカの心理学者アルバート・メラビアンによると、話をするときの印象は、五五パーセントがルックス、つまり見た目などの視覚情報が決めるそうです。三八パーセントが声の張りとか迫力などの聴覚情報。そして話の中身などの言語情報は、わずか七パーセントしかないといいます。

このうち半分以上を占めるルックス、これはもうどうしようもない。たとえば私が顔にいろんなものを塗りたくったって、そう変わるとは思えません。ありのままで壇上に上がるしかありません。残りの半分で勝負するしかないのです。

七パーセントを占める話の中身については、私はできるだけわかりやすく語りかけるようにしています。難しい内容を難しく喋るのはじつは簡単で、それでは喋っている本人も本当に理解しているかどうか疑わしいものです。

また、話の中に印象に残る言葉を一つか二つ、必ず入れるようにしています。たとえば、「嘘には二種類あって……」などと喋るより、「嘘にも白いのと黒いのがある」といった具合に説明すれば、聴いているほうは「おや？」と思うでしょう。

要は、自分の言葉で語るということです。すると、話が終わった後でも、「丹羽はいろいろ喋っていたけど、なんだか白い嘘があるって言っていたな」と思い出してくれます。印象に残った言葉というのは、すなわちキーワードです。このキーワードさえ覚えていてくれれば、シメたものです。ごちゃごちゃと理屈を並べ立てても無駄なのです。目は開いていても、心が眠っている人はいっぱいいるのですから。

残りの三八パーセントの口調などの聴覚情報に表れる気力、迫力、たたずまい。これについては、じつはルックスと同じようにごまかしがききません。普段、何にも考えていないような人が自分の部下が作った立派な原稿を読んだところで、にわかに迫力が増したりはしません。日々強く感じている自分の思いがあるから、それが気力、迫力となって聴いているほうの胸を打つのです。

何かをごまかそうとしたり、嘘をついたりしていたら、迫力どころか胡散臭《うさんくさ》さが口調にも顔にも表れ、聴衆はそれを必ず見抜きます。逆に、喋っているほうも聴衆の顔つきを見れば、面白がっているか退屈しているかがわかります。自分が意識していなくても、そのときの感情はお互いに顔に表れるものなのです。

したがって私は部下の報告を聞くときも、まず顔を見るようにしています。もちろん、それだけですべてはわかりません。人間は都合の悪いことは言わないものだからです。しかしどれだけ気力と迫力を持っているかは、顔つきを見て、そして喋っている口調に注意すればだいたいわかるのです。

顔を見ながら報告を受けていて、「この計画はできすぎだな」と思ったら、「きれいごとを言っているんだろう。本当はどうなんだ」と質問します。うまくいけば報告通りになるのでしょうが、天気は晴ればかりではないのです。雨や風、台風だってあるはずなのに、それを考慮していない。日本晴れがずっと続くことを前提に成功をするというのではダメです。「どれくらい失敗する可能性があるのか」「本当に成功させられるなら、お前が行ってやってこい」と覚悟のほどを問うわけです。

とくに目の動きだけは、誰もごまかせない

昔から、精神が顔をつくっていくとよくいいます。しっかり勉強して精神を鍛えれば、いい顔になる。卑《いや》しいことをすると卑しい顔になる。また、顔の中でも、とりわけ目をよく見ることです。目の動きだけは、誰もごまかせません。

私は写真を撮られることがあまり好きではないのですが、取材などでカメラを向けられることが多い。私の顔を撮るだけで三〇枚近くシャッターを切るのです。私は一度、「さっきからパシャパシャ撮っているけど、俺の顔かたちは変わらないんだから、無駄だよ。さっさと終わらせてよ」とカメラマンに言ったことがあります。

ところがカメラマンというのは、私の姿を撮っているのではなく、目の動きを撮っているのです。目の輝きが増して、あっと思うときがある。こういうところをパシャッと撮るわけです。これは三〇枚の中でも一枚か二枚しかない。

カメラを向けられると、たいていの人は緊張して顔がこわばったりするものですが、話しているうちに夢中になって、フッと肩の力が抜けるときがあります。そういうとき

は、自然な表情で目の輝きも増しているのです。これを撮っているというわけです。

したがって私はそれ以降、パシャパシャ撮られても怒らなくなりました。あんまり多くシャッターを切られると、「ああ、まずいな。俺の目の輝きが足りないんだな。今日は気力が欠けているんじゃないか」などと、かえって反省するようになりました。

先に私は、人は自分の心の鏡であると言いました。それは顔つき、とくに目に感情が表れて、相手はそれを敏感に察知するからです。嘘や好き嫌いといった気持ちばかりでなく、生き方そのものも表れてきます。これはもうごまかしようがないのです。だからこそ素の自分を磨き、ありのままで勝負するしかないのだと私は思っています。

不自由を常と思えば不足なし

人間の欲望には際限がありません。高級料理ばかり食べていたら、もっと美味しいものを食べたいと思う。洋服やアクセサリーだってたくさん持っているのに、さらに金ぴかのものを買ってしまう。それなりの給料をもらっているのに、まだまだ足りないと思ってしまう。

以前、ある部下が「子供の教育費が捻出《ねんしゅつ》できない」といって嘆いていたことがありました。しかしよく聞いてみると、都心の一等地に住んで、外車を乗り回している。人間は、上を見るとキリがないのです。

話は変わりますが、私が社長に就任したのは一九九八年。このとき、六年で辞めると周囲に公言しました。理由は二つあります。

一つは、社長というものは我が身を顧《かえり》みず、それこそ全身全霊をかけて仕事に取り組まなければならないと思ったからです。健全なる精神は健全なる肉体に宿る。自分の健康に不安があったら、一〇〇パーセント会社のことを考えることなどできません。

また何かを決断したとき、副社長までは社長に何やかやと文句を言っていれば済みますが、社長はその責任をすべて自分が背負わなければなりません。トップというのは、じつに孤独でしんどいものなのです。したがって、私自身が情熱を持って社長という立場に専念できるのは、だいたい六年ぐらいだろうと考えたのです。

もう一つは、もし社長という椅子に座ってゴマの匂いに慣れてしまったら、自分にとっても会社にとっても、じつに危ういことだと考えたからです。私はそういうものにまったく関心はありませんが、人間には「動物の血」が流れているのですから、どうなるかわかりません。

周りから「直ゴマ」をすられて、それも砂糖をどっさり入れて甘かったりしたら、その甘さについ心が動いてしまうかもしれません。イエスマンに囲まれ、甘くされ続けると、もはやゴマと砂糖なしでは生きられなくなり、社長の座にしがみつくようになるかもわからない。それなら、六年という期間を周囲に明確に示しておいたほうが、引き際を間違えずに済むと思ったのです。

ワイフには、給料はちょっと増えるかもしれないが、生活を変えるなと言いました。六年間と決まっているのですから、社長を辞めたらその辺をヨボヨボ歩いているただの小父《おじ》さんです。だったら、最初からただの小父さんの生活をしていないとまずい。金ぴかの洋服や車に慣れてしまったら、元に戻すほうがしんどいでしょう。

私はもともとお金には執着《しゅうちゃく》しない性格です。これはもう昔からで、母親から小遣いをもらったら、そのぶんだけきれいに使ってしまいます。だから親も小出しにしていました。また、今でも私は家にいくらお金があるのか把握していません。全部ワイフの名義になっているかもしれませんが、別にそれでもいいと思っています。

金ぴかの洋服にも興味がない。食事は、そりゃあ高級料亭のものは美味しいかもしれませんが、私が好きなのは冷《ひ》や奴《やっこ》です。家も、米国駐在から帰国後に購入した郊外の一軒家に今も住んでいますし、車は一七年間カローラに乗り続けています。就任したばかりの頃は、「社長なのにカローラに乗っている」と言われたりもしましたが、カローラのどこが悪いんだ。家なんて雨露凌《あめつゆしの》げればそれでいいし、車だって走れば十分でしょう。

第一、金ぴかの家を買ったからといって、それがどうしたというのか。周りから「社長のお宅はすごいわね」と言って褒められたいのでしょうか。金ぴかの高級車に乗って、「偉いわねえ」とでも言ってもらいたいのでしょうか。

贅沢《ぜいたく》をしたらキリがありません。不自由を常と思えば不足なし。これは徳川家康の言った言葉で、私はとても好きなんです。

たとえば奥さんがいろいろ家事をやってくれるのが当たり前だと思っていると、手を抜いたときには文句の一つも言いたくなります。しかしそうして自分が不便を感じたとき、これが普通なんだと思えば文句も出ない。旦那である俺がやるのが普通だと考えればいい。私なんか食後の食器洗いをよくやっていて、じつは嫌いじゃないんです。

ひたすら考え事をする朝の散歩

私はもう二〇年以上、朝の散歩を欠かしません。前夜に飲んだお酒が消えていくような、さわやかな気分が味わえますし、四季の移り変わりを敏感に感じられるのがいい。「今日は新聞や雑誌のインタビューだ。何を話そうか」などとあれこれ考えながら、早足で四〇分ほど、距離にして四キロほど歩いています。土日はゴルフがなければその倍、歩きます。犬も連れず、音楽も聴きません。ひたすら考え事をするのです。

朝一番で、頭が回転し始めたときにいいアイデアが浮かぶものです。昼間よりクリアです。運動で脳が刺激を受けるのかもしれません。社長時代は人事構想や不良資産の処理やら、経営の重要事項を歩きながら考えました。それで人にぶつかりそうになったり、蹴つまずいたりしたこともあるくらいです。

このときの服装は、今にも破れそうなジーパンです。ワイフは「そんなみっともない格好で散歩をしないでください」と言いますが、カローラと一緒で、私に言わせれば何が悪い、ということになる。別に誰かに褒めてもらいたくて洋服を着ているわけではないし、穿《は》きやすいから穿いているだけの話です。よっぽど汚い格好で周囲を不愉快にさせているなら話は別ですが、多少髪の毛がボサボサだって、通りすがりの人はそんなものいちいち覚えていやしないでしょう。

見栄《みえ》を張っていい格好をしようとすると、いずれ化けの皮が剝《は》がれます。またそうやって無理をしていると、自分自身が苦しくなります。贅沢しようと思えば思うほど欲望は膨らみ、見栄《みば》えや便利さばかりを追い求めるようになるのです。

それよりもあるがままの自分で生きていく。第1章でも述べましたが、等身大の自分で生きていくことは、本当に清々《すがすが》しく、また気楽なものです。とくに若い人は、まだ何者にもなっていない自分を大きく美しく見せようとするのに汲々とするのではなく、あるがままの自分、等身大の自分を少しずつ大きくしていこう、と思って日々を過ごしてほしいと思います。

電車通勤も、人を知るための一つの手段

私は社長に就任してからも、会長に退いてからも、電車通勤をしてきました。これもまた、周囲からはいろいろと言われました。だけど私にしてみれば当たり前のことなんです。別に社長だからといって、黒塗りの車で送り迎えしてもらわなきゃならないルールなんてないでしょう。私の顔が新聞などに出ているからといって、そんなものいちいち覚えている人はいないでしょうし、声を掛けられることもありません。

電車通勤を続けるのは、一つには本を読みたいからです。また、郊外にある家を選んだのも、最寄り駅が私鉄の始発だったからです。一本やり過ごせば、通勤途中に座りながら読書ができます。もっとも今は路線が延びてしまい、目算《もくさん》が狂いました。でも、できるだけ座って読書をするようにしています。

しかし電車通勤を続ける一番大きな理由は、社員と同じ目線でものを考える習慣をつけなければいけないと考えているからです。雨の日も風の日も、一般の働く人たちは満員電車に乗って出社します。濡れた傘を身体につけられて「この野郎」と思うこともあ

るでしょう。女性が近くに来たら、男性であれば痴漢に間違えられないように両手を挙げて気を遣わなくてはなりません。

そういうことは、我が社の社員だって皆やっていると思います。そんなとき、社長だけが黒塗りの車で送り迎えしてもらっていたら、社員の気持ちがわからなくなってしまうでしょう。もちろん私も不愉快な思いをすることはあります。しかし、不自由を常と思えば不足なし。それが当たり前なんです。また社員からすれば、たいして苦労もせず、贅沢に慣れたトップの言うことなど、耳を貸そうとは思わないものでしょう。

社長だからといって、運転手が毎朝迎えに来るなんて、私からすれば「お前、何様なんだ？」ということです。

私はいつも思ってきました。会社という小さな組織で社長だの会長だのといったところで、偉くもなんともない。たまたま社長になっただけの話です。そんなに偉いと思われたければ、背中に「伊藤忠商事社長」と書いた紙を貼《は》って電車に乗ったらどうなんだ。

だから私は周りから偉いとも思われたくないし、カローラに乗っていようが電車通勤を続けていようが、放っておいてくれと言いたいくらいです。

経営の要諦《ようてい》とは、「人を動かす」というひと言に尽きます。組織づくりも財務管理も大切なことですが、どんなに立派な組織をつくっても、人が動かないようでは、経営は失敗なのです。偉そうにしていたって、トップは自分一人では何もできません。政治家だって、いかに官僚をうまく動かすかということが最大の仕事でしょう。経営者も同じで、いかに社員を動かすかということが大事なのです。

経営者は、小さな世界の独裁者です。どんなに専務が「やれ」といったプロジェクトだって、社長が「やるな」と言えばそれで終わりです。課長の任命だって、直接決めるのは人事課だったり直属の上司である部長だったりするかもしれませんが、元を正せばすべて社長の権限です。会社というのは、話し合いで物事が決まる民主主義の世界ではありません。最終的にはトップの判断があって、物事が動いていくのです。

だからこそ、トップには独裁者であるという自覚が必要です。同時に、このトップについていこうと思わせるだけのものがないといけません。トップにとって経営とは「人を動かす」ことなのです。

人を動かすには、人を知らなくてはなりません。人間というのは何であるかという抽象的な問いに、自分なりの答えを出さなくてはならないということです。私自身、今でもそれをつねに勉強しています。口はばったいことを言うようですが、電車通勤もその一つです。社員と同じ目線に立っていなければ、社員が何を喜びとするのかもわからなくなります。苦労を分かち合って初めて、喜びも分かち合えるというものです。

人と人とのつながりを大事にする、小さな努力

トップの条件にはいろいろあると私は思っています。先に述べた独裁者としての自覚もそうですし、潔《いさぎよ》さも必要でしょう。最近では「政治とカネ」の問題がクローズアップされていますが、会社で何か不祥事が起きたとき、「あれは秘書がやりました」とか「私は知りませんでした」などと言っているようでは、そもそもトップとしての資質がないと私は考えています。屁理屈なんか、誰でも言うことができる。いいときは全部自分の手柄にして、悪いときに「俺は知らない」では、誰もこの人についていこうとは思いません。トップは潔く責任を取らなければならないのです。

この責任の取り方について言えば、私は、人が思うよりもちょっと大きな責任を取る

ことだと思っています。人間というのは「動物の血」が流れていますから、じつは残酷な生き物です。人が幸せになっても拍手しませんが、人が不幸になると「よくやった」と拍手するものなんです。だから、「何もそこまでしなくても」と周りに言われるぐらいがちょうどいい。そこでようやく「あいつは潔い」ということになるわけです。

人間というのは、つい自分には甘い採点をしがちです。五〇点のミステイクなら五〇点の責任を取ればいいのですが、自分が自分に課す責任は、ともすれば三〇点ぐらいになりかねない。ところが、それで「自分は苦労している」と思っても、周りはそう判断してくれません。自分が七〇点とか八〇点ぐらいの「ちょっと大きいな」という責任を取って、ようやく「そうか、あいつは本当に反省しているんだな」となるわけです。人を知るとは、こういうことでもあるのです。

もう一つ、トップというのは小さな努力の積み重ねをしていくことです。これは面倒臭いとか、たいしたことではないと思えば、きっと全部秘書がやってくれるでしょう。だけどそれではダメで、易《やす》きに流れようと思ったら、いくらでも流れることができるのです。

私の場合、自分に課しているのは、いただいた手紙には自筆の返事を書くことです。五〇通の手紙が来たら五〇通の返事をハガキに書いて出します。もちろんそれなりに時間がかかります。以前も、ある講演での感想が四~五通届きました。いつものように手紙を書いたのですが、その後、数十通という手紙が舞い込んできました。やはり講演のときの感想です。さすがに「これは大変だな」と思いましたが、先に来た四~五通の手紙に返事を書いて、後から届いたものに返事を出さないわけにはいきません。

また、ここで自分が秘書に「返事を出しておいて」と頼むのは簡単ですが、それでは自分に努力を課していることにはならない。一旦《いったん》やると決めたら、やり抜くことです。だから、私はすべての人にハガキを出しました。

なぜそこまで時間を割《さ》いて書くかというと、手紙を出した人が返事をもらったら喜んでいただけると思うからです。実際に「感激しました」という手紙をまた書いてきてくださる方もいます。そういう経験をすると、「やってよかったな」と思いますし、またこれからも続けていかなければいけないなと感じます。こうした小さな努力を積み重ねていくことで、経営者への信頼とか理解につながっていくわけです。それが結局、人を動かすことにつながるのではないかと思います。

社会貢献も同じことです。アメリカの公民権運動で、人種問題の解決に貢献したロバート・ケネディにしても、『貧困の終焉』を著《あらわ》したジェフリー・サックスにしても、彼らは非常に影響力を持った人物ではありますが、しかし一人の力で歴史を変えたわけではありません。たくさんの人の支えがあったから成し得たのです。

歴史上、一人の力で物事を動かしていった偉大な人物というのはほとんどいません。言い換えれば、一人ひとりの小さな努力の積み重ねが、歴史の流れというものを変えていくのだということです。

経営者もまさにそうで、自分一人が何でもできるわけではないのです。どんなに能力があっても、小さな努力の積み重ねで人と人とのつながりを大事にできなければ決して務まりません。

私は、教養というのは相手の立場に立って物事を考える力があることだと思っています。大学の試験でどんなにいい点を取ったところで、それは教養とは言いません。テストに出てくる知識など、誰でもその気になれば覚えられるものです。むしろ大事なのは、相手の立場に立ち、自分がそのために何ができるかを考えることです。これはそう簡単なことではありません。

どうしたら教養を身につけることができるか。もちろん読書も大事です。そしてたくさんの人と接し、人間社会で揉《も》まれることです。自分の思い通りにならないことも多々あるでしょう。そんなとき、なぜなんだろうと立ち止まってみる。自分に非はないかと謙虚に省みる。

こうした経験を積んでいくことで、相手の立場に立って物事を考えるとはどういうことか、少しずつわかってきます。人は、人によっても磨かれるのです。

丹羽宇一郎 にわ・ういちろう
1939年、愛知県生まれ。62年名古屋大学法学部を卒業、伊藤忠商事入社。一貫して食料畑を歩む。68年から9年間のニューヨーク駐在、業務部長などを経て、98年に代表取締役社長に就任。99年に約4000億円の不良資産を一括処理しながら翌2000年度決算で同社史上の最高益（当時）を計上し、世間を瞠目させた。「社長任期6年」の公約通り、04年から会長、10年から相談役、6月に次期中国大使に任命された。『人は仕事で磨かれる』『新・ニッポン開国論』等、著書多数。

＊本書の著者印税は、全額が認定NPO法人「国連WFP協会」へ寄付されます。（編集部）

朝日新書
229

負《ま》けてたまるか！
若者《わかもの》のための仕事論《しごとろん》

2010年4月30日第1刷発行
2010年7月10日第6刷発行

著者 丹羽宇一郎

発行者 岩田一平
カバーデザイン アンスガー・フォルマー 田嶋佳子
印刷所 凸版印刷株式会社
発行所 朝日新聞出版
〒104-8011 東京都中央区築地5-3-2
電話 03-5540-7772（編集）
03-5540-7793（販売）

Published in Japan by Asahi Shimbun Publications Inc.
ISBN 978-4-02-273329-0
定価はカバーに表示してあります。
落丁・乱丁の場合は弊社業務部（電話03-5540-7800）へご連絡ください。
送料弊社負担にてお取り替えいたします。